2014年度
中国对外直接投资
统计公报

2014 Statistical Bulletin of China's Outward Foreign Direct Investment

中 华 人 民 共 和 国 商 务 部
Ministry of Commerce of the People's Republic of China
中 华 人 民 共 和 国 国 家 统 计 局
National Bureau of Statistics of the People's Republic of China
国 家 外 汇 管 理 局
State Administration of Foreign Exchange

© 中国统计出版社 2015
版权所有。未经许可，本书的任何部分不得以任何方式在世界任何地区以任何文字翻印、拷贝、仿制或转载。
©2015 China Statistics Press
All rights reserved. No part of the publication may be reproduced or transmitted in any form or by any means, electronic or mechanical, including photocopying, recording, or any information storage and retrieval system, without written permission from the publisher.

图书在版编目（CIP）数据

2014 年度中国对外直接投资统计公报 ：汉英对照 ／ 中华人民共和国商务部，中华人民共和国国家统计局，国家外汇管理局编 . -- 北京 ：中国统计出版社，2015.9
ISBN 978-7-5037-7630-4

Ⅰ . ① 2… Ⅱ . ①中… ②中… ③国… Ⅲ . ①对外投资 - 直接投资 - 公报 - 中国 - 2014 - 汉、英 Ⅳ . ① F832.6

中国版本图书馆 CIP 数据核字 (2015) 第 208003 号

2014 年度中国对外直接投资统计公报

作　　者／ 中华人民共和国商务部　中华人民共和国国家统计局　国家外汇管理局
英文翻译／ 葛顺奇　陈李明（南开大学）
责任编辑／ 佘竞雄
装帧设计／ 张　冰　黄　晨
出版发行／ 中国统计出版社
地　　址／ 北京市丰台区西三环南路甲 6 号 邮政编码 /100073
电　　话／ 邮购（010）63376909　书店（010）68783171
网　　址／ http://www.zgtjcbs.com
印　　刷／ 北京画中画印刷有限公司
经　　销／ 新华书店
开　　本／ 880mm × 1230mm　1/16
字　　数／ 320 千字
印　　张／ 10.25
版　　别／ 2015 年 9 月第 1 版
版　　次／ 2015 年 9 月第 1 次印刷
定　　价／ 158.00 元

如有印装差错，由本社发行部调换。

目 录

2014年度中国对外直接投资统计公报

一、中国对外直接投资综述 3
二、中国对外直接投资流量、存量 6
三、中国对世界主要经济体的直接投资 28
四、中国对外直接投资者的构成 35
五、中国对外直接投资企业的构成 38
六、附表 43
附表1 2006-2014各年中国对外直接投资流量情况（分国家地区） 43
附表2 2006-2014各年末中国对外直接投资存量情况（分国家地区） 48
附表3 2006-2014各年中国对外直接投资流量行业分布情况 53
附表4 2006-2014各年末中国对外直接投资存量行业分布情况 54
附表5 2006-2014各年中国非金融类对外直接投资流量情况（分省市区） 55
附表6 2006-2014各年末中国非金融类对外直接投资存量情况（分省市区） 56
附表7 2006-2014各年中国对欧盟直接投资流量情况 57
附表8 2006-2014各年末中国对欧盟直接投资存量情况 58
附表9 2006-2014各年中国对东南亚国家联盟直接投资流量情况 59
附表10 2006-2014各年末中国对东南亚国家联盟直接投资存量情况 59
附表11 中国企业对“一带一路”沿线国家地区投资情况 60
附表12 按2014年末对外直接投资存量排序中国非金融类跨国公司100强 62
附表13 按2014年末境外企业资产总额排序中国非金融类跨国公司100强 65
附表14 按2014年境外企业销售收入排序中国非金融类跨国公司100强 68

附录 对外直接投资统计制度

一、总说明 73
二、统计报表目录 76
三、调查表式（略） 77
四、附录（略） 77
五、主要概念及指标解释 77

Contents

2014 Statistical Bulletin of China's Outward Foreign Direct Investment

1. Overview of China's Outward FDI in 2014 85

2.The Flows and Stock of China's Outward FDI 89

3. China's Outward FDI to World's Major Economies 113

4. Structure of China's Outward Foreign Direct Investors 123

5. Geographical and Industrial Distribution of China's FDI Enterprises 125

6. Statistics on China's Outward FDI 131

Table 1 China's Outward FDI Flows by Country and Region, 2006-2014 131

Table 2 China's Outward FDI Stock by Country and Region, 2006-2014 136

Table 3 Distribution Of China's Outward FDI Flows by Industry, 2006-2014 141

Table 4 Distribution Of China's Outward FDI Stock by Industry, 2006-2014 142

Table 5 China's Outward FDI Flows by Province, 2006-2014 (Non-Financial Part) 143

Table 6 China's Outward FDI Stock by Province, 2006-2014 (Non-Financial Part) 144

Table 7 China's Outward FDI Flows In EU Countries, 2006-2014 145

Table 8 China's Outward FDI Stock In EU Countries, 2006-2014 146

Table 9 China's Outward FDI Flows In ASEAN Countries,2006-2014 147

Table 10 China's Outward FDI Stocks In ASEAN Countries,2006-2014 147

Table 11 China's Outward FDI in Countries along the Belt and Road , 2014 148

Table 12 The Top 100 Non-Financial Chinese TNCs Ranked by Outward FDI Stock, 2014 150

Table 13 The Top 100 Non-Financial Chinese TNCs Ranked by Foreign Assets, 2014 153

Table 14 The Top 100 Non-Financial Chinese TNCs Ranked by Foreign Revenues, 2014 156

2014年度
中国对外直接投资统计公报

中 华 人 民 共 和 国 商 务 部
中华人民共和国国家统计局
国 家 外 汇 管 理 局

英文翻译：
南开大学 葛顺奇 陈李明

2014年度中国对外直接投资统计公报

中华人民共和国商务部
中华人民共和国国家统计局
国家外汇管理局

2014年，世界经济复苏依旧艰难曲折，全球外国直接投资流量下降。面对复杂多变的国际形势，中国政府积极推动“一带一路”建设，不断加快对外投资便利化进程，中国企业“走出去”的内生动力日益增强。2014年中国对外直接投资创下1231.2亿美元的历史最高值，双向直接投资首次接近平衡。

一、中国对外直接投资综述

（一）2014年，中国对外直接投资净额（以下简称流量）为1231.2亿美元，较上年增长14.2%。其中：新增股权投资557.3亿美元，占45.3%；当期收益再投资444亿美元，占36.1%；债务工具投资229.9亿美元，占18.6%。

截至2014年底，中国1.85万家[①]境内投资者在国（境）外共设立对外直接投资企业[②]（以下简称境外企业）2.97万家，分布在全球186个国家（地区）[③]，年末境外企业资产总额3.1万亿美元。对外

① 1.85万家境内投资者指的是按境内一级投资主体（即母公司）作为统计单位的数量。
②对外直接投资企业：指境内投资者直接拥有或控股10%或以上投票权或其他等价利益的境外企业。
③对外直接投资的国家（地区）按境内投资者投资的首个目的地国家（地区）进行统计。

直接投资累计净额（以下简称存量）达 8826.4 亿美元，其中：股权投资 3569 亿美元，占 40.4%；收益再投资 3839.3 亿美元，占 43.5%；债务工具投资 1418.1 亿美元，占 16.1%。

表1　2014年中国对外直接投资流量、存量分类构成情况

单位：亿美元

分类	流量			存量	
	金额	同比(%)	比重(%)	金额	比重(%)
合计	**1231.2**	**14.2**	**100.0**	**8826.4**	**100.0**
金融类	159.2	5.4	12.9	1376.2	15.6
非金融类	1072.0	15.6	87.1	7450.2	84.4

注：1. 金融类指境内投资者直接投向境外金融企业的投资；非金融类指境内投资者直接投向境外非金融企业的投资。
2. 2014年非金融流量数据与商务部2014年快报数据(1028.9亿美元)差异主要为收益再投资部分。

联合国贸发会议（UNCTAD)《2015 世界投资报告》显示，2014 年全球外国直接投资流出流量 1.35 万亿美元，年末存量 25.87 万亿美元。以此为基数计算，2014 年中国对外直接投资分别占全球当年流量、存量的 9.1% 和 3.4%，流量连续三年位列按全球国家（地区）排名的第 3 位，占比较上年提升 1.5 个百分点，存量位居第 8 位，排名较上年前行 3 位。

图 1　2014 年中国与全球主要国家（地区）流量对比

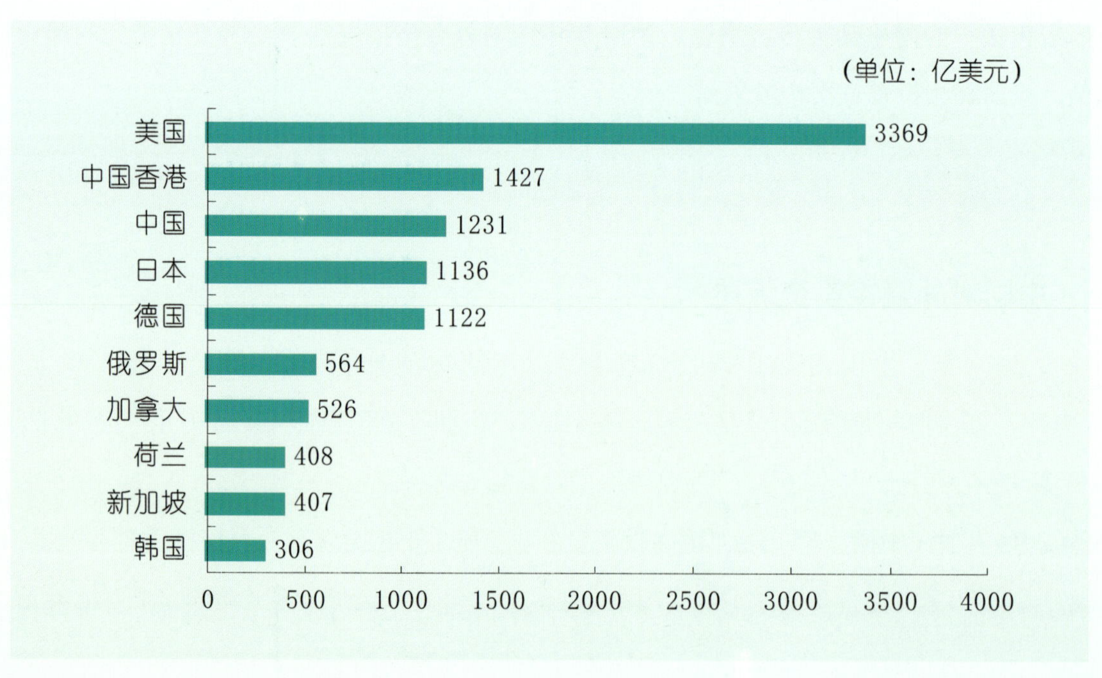

图 2　2014 年中国与全球主要国家（地区）存量对比

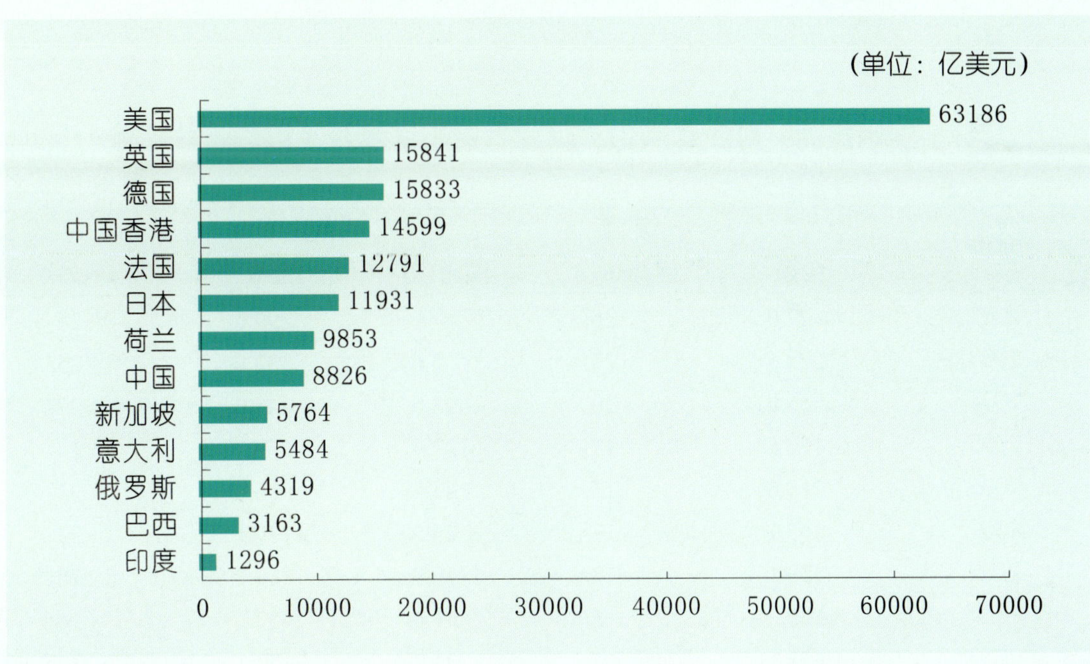

注：2014 年中国对外直接投资来源于商务部统计数据，其他国家（地区）统计数据来源于联合国贸发会议《2015 世界投资报告》。

（二）2014 年，对外金融类直接投资流量 159.2 亿美元，同比增长 5.4%，其中货币金融服务类（原银行业）对外直接投资 74.2 亿美元，占 46.6%。

2014 年末，对外金融类直接投资存量 1376.2 亿美元，其中货币金融服务类对外直接投资 848 亿美元，占 61.6%；保险业 99.5 亿美元，占 7.2%；资本市场服务（原证券业）61.5 亿美元，占 4.5%；其他金融业 367.2 亿美元，占 26.7%。

截至 2014 年末，中国国有商业银行④共在美国、日本、英国等 38 个国家（地区）开设 72 家分行、51 家附属机构，员工总人数达 4.4 万人，其中雇佣外方员工 4.2 万人，占 95.5%。2014 年末，中国共在境外设立保险机构 7 家。

（三）2014 年，对外非金融类直接投资 1072 亿美元，同比增长 15.6%；境外企业实现销售收入 15692 亿美元，同比增长 10%；境内投资者通过境外企业实现的进出口额为 4481 亿美元，同比增长 7.5%，其中：进口总值 3379 亿美元，同比增长 9.8%；出口总值 1102 亿美元，同比增长 1.2%。

2014 年末，对外非金融类直接投资存量 7450.2 亿美元，境外企业资产总额 2.25 万亿美元。

（四）2014 年，境外企业向投资所在国缴纳的各种税金总额 191.5 亿美元，年末境外企业员工

④中国国有商业银行包括中国银行、中国农业银行、中国工商银行、中国建设银行和交通银行。

总数185.5万人，其中雇用外方员工83.3万人，来自发达国家的雇员有13.5万人，较上年末增加3.3万人。

表2　中国建立《对外直接投资统计制度》以来各年份的统计结果

单位:亿美元

年份	流量			存量	
	金额	全球位次	同比(%)	金额	全球位次
2002	27.0	26	–	299.0	25
2003	28.5	21	5.6	332.0	25
2004	55.0	20	93.0	448.0	27
2005	122.6	17	122.9	572.0	24
2006	211.6	13	43.8	906.3	23
2007	265.1	17	25.3	1179.1	22
2008	559.1	12	110.9	1839.7	18
2009	565.3	5	1.1	2457.5	16
2010	688.1	5	21.7	3172.1	17
2011	746.5	6	8.5	4247.8	13
2012	878.0	3	17.6	5319.4	13
2013	1078.4	3	22.8	6604.8	11
2014	1231.2	3	14.2	8826.4	8

注:1.2002-2005年数据为中国对外非金融类直接投资数据,2006-2014年为全行业对外直接投资数据。
2.2006年同比为对外非金融类直接投资比值。

二、中国对外直接投资流量、存量

（一）2014年中国对外直接投资流量的特点

1.快速增长，规模与中国吸引外资首次接近

2014年，发达经济体经济运行分化加剧，发展中经济体增长放缓，全球外国直接投资下降16%。中国对外直接投资逆势上扬，创下1231.2亿美元的历史最高值，同比增长14.2%，连续三年位列世界第三大对外投资国。与此同时，中国吸收外资规模稳中求进，质量进一步提升，2014年中国实际使用外资金额1285亿美元，首次位列全球吸引外资第一。中国对外直接投资（ODI）与中国吸引外资（FDI）仅差53.8亿美元，双向投资首次接近平衡。自2003年中国有关部门权威发布年度数据以来，中国对外直接投资实现连续12年增长，2014年流量是2002年的45.6倍，2002-2014年的年均增长速度高达37.5%。

图 3　2009 至 2014 年中国双向直接投资对比

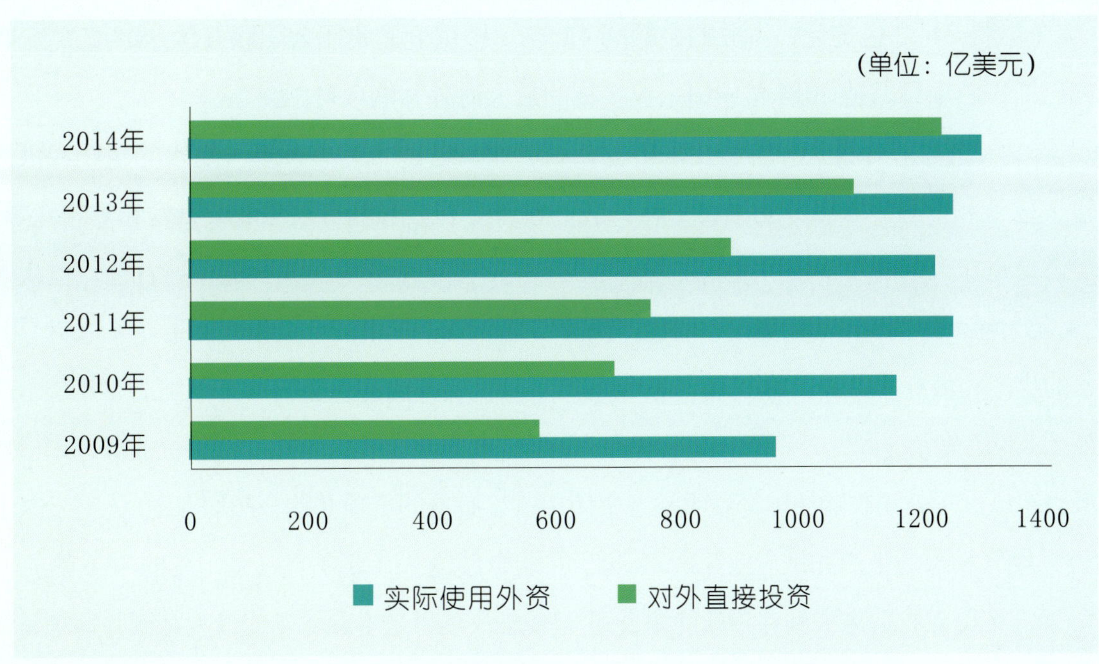

注：2009 至 2014 年中国实际使用外资数据来源于联合国贸发会议《2015 世界投资报告》。

图 4　2002-2014 年中国对外直接投资流量情况

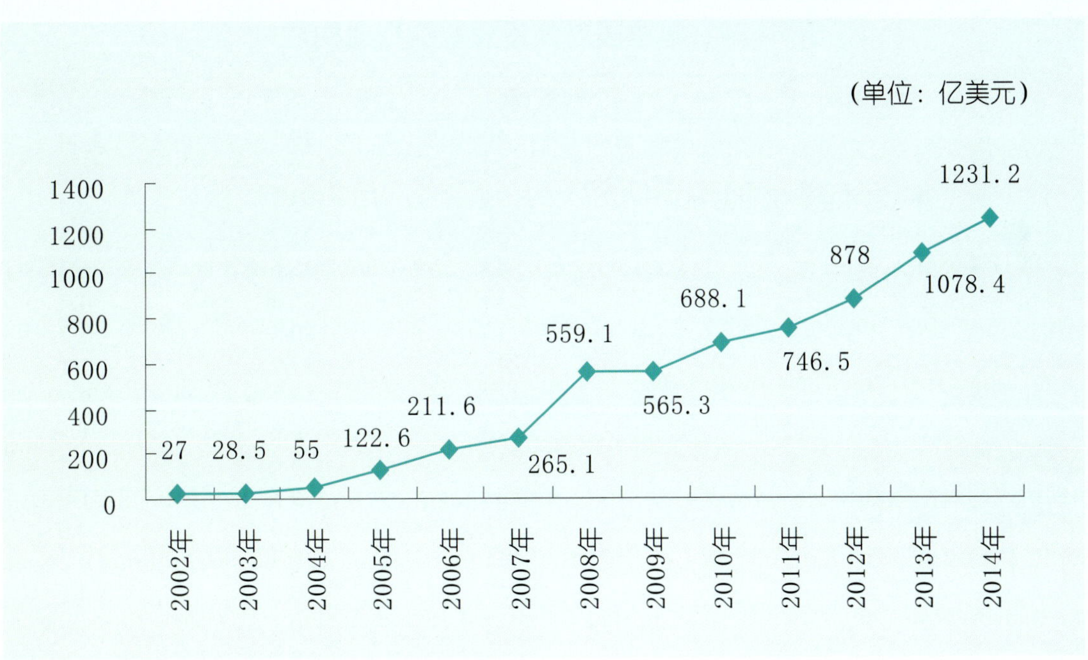

注：2002 至 2014 年数据来源于中国商务部统计数据。

2. 并购领域亮点突出，传统采矿领域交易金额大幅下降

2014 年中国企业共实施对外投资并购项目 595 起，涉及 69 个国家（地区），实际交易总额 569

亿美元，其中直接投资[⑤]324.8亿美元，占并购交易总额的57.1%，当年中国对外直接投资总额的26.4%；境外融资244.2亿美元，占并购金额的42.9%。中国五矿集团公司联营体58.5亿美元收购秘鲁拉斯邦巴斯铜矿项目，是2014年中国企业实施的最大海外并购项目。

2014年中国企业对外投资并购涉及采矿业、制造业、电力／热力／燃气及水的生产和供应业、信息传输／软件和信息技术服务业、农／林／牧／渔业、租赁和商务服务业、批发和零售业等17个行业大类。受全球大宗商品市场持续低迷等因素的影响，采矿业并购金额虽然保持首位，但从上年的342.3亿美元大幅下滑到179.1亿美元，同比下降47.7%。2014年中国企业涉及制造业、电力／热力／燃气和水的生产和供应业、农／林／牧／渔领域的对外投资并购亮点突出，其中制造业并购167起，并购金额118.8亿美元，同比分别增长29.5%和16.2%；联想集团收购摩托罗拉手机业务、IBMX86服务器业务，东风汽车公司收购法国标致雪铁龙集团14.1%股份的单项并购金额均在10亿美元以上；电力／热力／燃气和水的生产和供应业并购18起，并购金额达93.1亿美元（是上年的26.6倍），国家电网公司26.3亿美元收购意大利存贷款能源公司35%股权项目是本领域年度最大金额并购项目；农／林／牧／渔领域并购43起，并购金额35.6亿美元（是上年的6倍），中粮集团公司15亿美元收购来宝农业有限公司51%股权项目，是迄今为止中国企业涉及农业领域最大金额的对外投资并购项目。

表3　2014年中国对外投资并购行业构成

行业类别	数量(起)	金额(亿美元)	金额占比(%)
采矿业	40	179.1	31.4
制造业	167	118.8	20.9
电力、热力、燃气及水生产和供应业	18	93.1	16.4
信息传输、软件和信息技术服务业	36	35.7	6.3
农、林、牧、渔业	43	35.6	6.3
租赁和商务服务业	58	25.3	4.4
金融业	10	20.8	3.7
交通运输、仓储和邮政业	16	17.7	3.1
批发和零售业	117	15.1	2.7
房地产业	16	8.6	1.5
住宿和餐饮业	12	8.0	1.4
科学研究和技术服务业	26	5.8	1.0
居民服务、修理和其他服务业	13	3.6	0.6
文化、体育和娱乐业	11	1.0	0.2
建筑业	7	0.6	0.1
卫生和社会工作	3	0.2	—
教育	2	0.1	—
合计	**595**	**569.0**	**100.0**

⑤指境内投资者或其境外企业收购项目的款项来源于境内投资者的自有资金、境内银行贷款（不包括境内投资者担保的境外贷款，此部分纳入对外直接投资统计）。

2014年中国企业对外投资并购项目共分布在全球69个国家（地区），从实际并购金额上看，秘鲁、美国、中国香港、澳大利亚、加拿大、意大利、开曼群岛、德国、法国、荷兰位列前十。

图5　2014年度中国企业海外并购十大目的地（按并购金额）

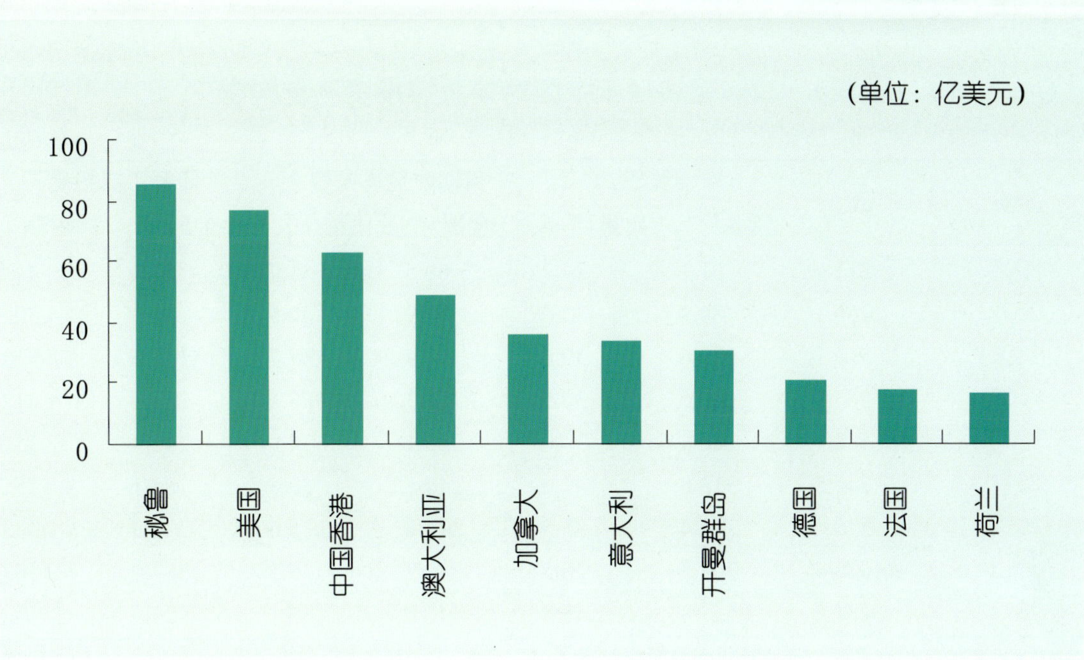

表4　2004至2014年中国对外直接投资并购情况

单位：亿美元

年份	并购金额	同比(%)	比重(%)
2004	30.0	—	54.5
2005	65.0	116.7	53.0
2006	82.5	26.9	39.0
2007	63.0	-23.6	23.8
2008	302.0	379.4	54.0
2009	192.0	-36.4	34.0
2010	297.0	54.7	43.2
2011	272.0	-8.4	36.4
2012	434.0	—	31.4
2013	529.0	21.9	31.3
2014	569.0	7.6	26.4

注：2012-2014年并购金额包括境外融资部分，比重为直接投资占当年流量的比重。

3.股权和收益再投资占八成，债务工具比重下降明显

2014年，新增股权投资557.3亿美元，占当年流量总额的45.3%，较上年上升16.8个百分点；

收益再投资444亿美元，占36.1%，较上年提升0.6个百分点，股权和收益再投资共计1001.3亿美元，占到流量总额的81.3%；由于境外融资成本低于中国境内，因此中国企业通过中国香港等地境外融资再进行对外投资的活动日益增多，致使境内投资主体直接给境外企业提供的贷款减少，债务工具投资较上年下降40.7%。

表5　2006至2014年中国对外直接投资流量构成

单位：亿美元

年份	流量	新增股权		当期收益再投资		债务工具投资	
		金额	比重(%)	金额	比重(%)	金额	比重(%)
2006	211.6	51.7	24.4	66.5	31.4	93.4	44.2
2007	265.1	86.9	32.8	97.9	36.9	80.3	30.3
2008	559.1	283.6	50.7	98.9	17.7	176.6	31.6
2009	565.3	172.5	30.5	161.3	28.5	231.5	41.0
2010	688.1	206.4	30.0	240.1	34.9	241.6	35.1
2011	746.5	313.8	42.0	244.6	32.8	188.1	25.2
2012	878.0	311.4	35.5	224.7	25.6	341.9	38.9
2013	1078.4	307.3	28.5	383.2	35.5	387.9	36.0
2014	1231.2	557.3	45.3	444.0	36.1	229.9	18.6

注：2006至2014年为中国全行业对外直接投资统计数据。

图6　2006至2014年中国对外直接投资构成情况

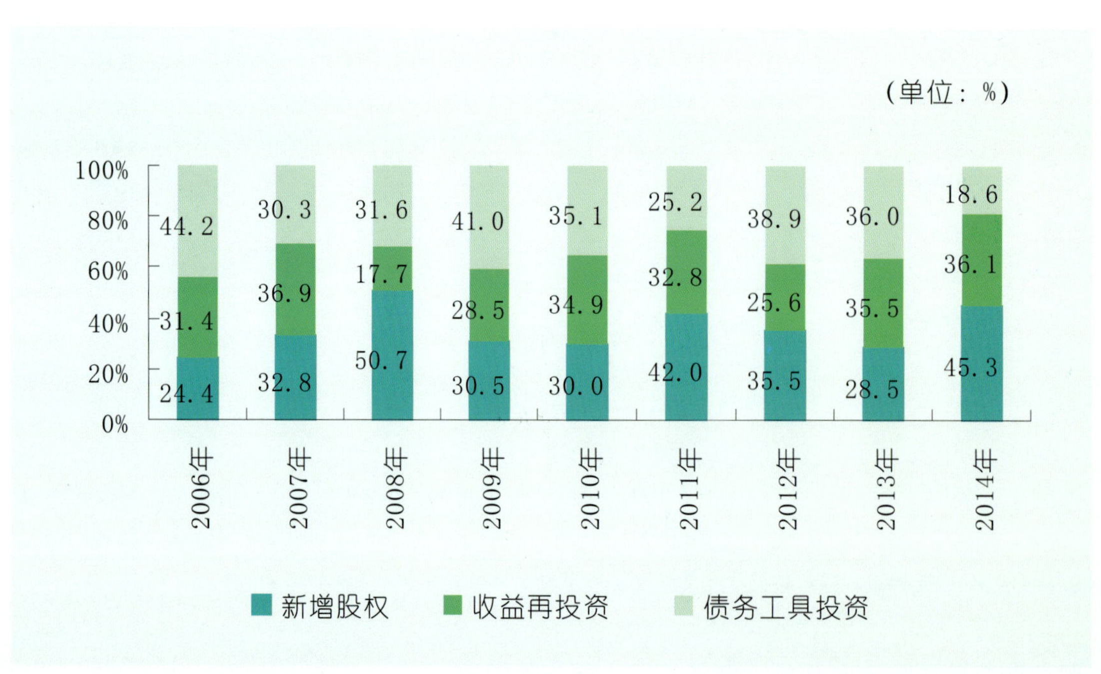

4. 行业分布广泛，第三产业备受青睐

2014年，中国对外直接投资涵盖了国民经济的18个行业大类。其中流向第一产业15.9亿美元，同比增长26.2%，占当年流量的1.3%；第二产业311.1亿美元，同比下降14.4%，占25.3%，其中流向采矿业（不包括开采辅助活动）的投资165.5亿美元，同比下降33.3%，流向建筑业的投资34亿美元，同比下降22%；第三产业（即服务业）904.2亿美元，同比增长28.7%，占73.4%。

从第三产业的行业构成情况看：

流向租赁和商务服务业（以投资控股为主要目的）368.3亿美元，占当年流量总额的29.9%，同比增长36.1%。

批发和零售业182.9亿美元，占14.9%，同比增长24.8%。

金融业159.2亿美元，占12.9%，同比增长5.4%。

房地产业66亿美元，占5.4%，同比增长67.1%。

交通运输、仓储和邮政业41.8亿美元，占3.4%，同比增长26.3%。

信息传输、软件和信息技术服务业31.7亿美元，占2.6%，同比增长126.4%。

图7 2014年中国对外直接投资流量三次产业构成情况

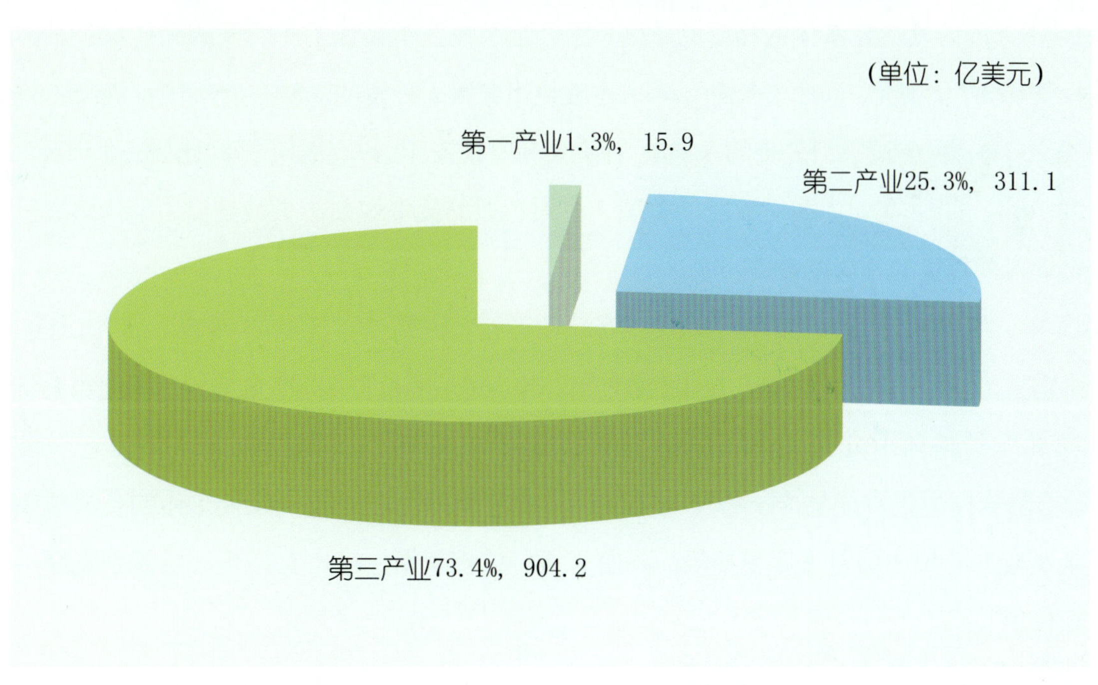

图8 2014年中国对外直接投资流量行业分布

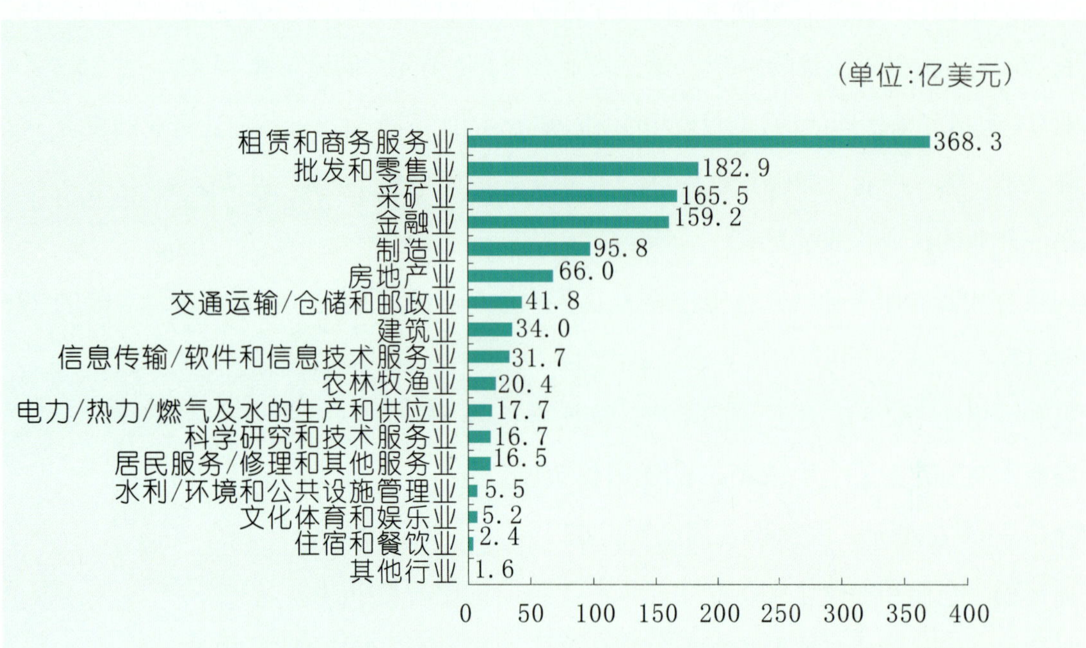

5. 发达经济体是投资热点，对欧盟、美国和澳大利亚的投资均创历史新高

2014年，流向发达经济体的投资为238.3亿美元，较上年实现了72.3%的高速增长。其中对欧盟直接投资97.87亿美元，同比增长116.3%，占欧盟当年吸引外资的3.8%；对美国投资75.96亿美元，同比增长96.1%，占美国吸引外资的8.2%；对澳大利亚投资40.49亿美元，同比增长17.1%，占澳吸引外资的7.8%。2014年，中国对欧盟、美国、澳大利亚的投资均创历史最高值，发达国家已成为众多中国企业对外投资的首选投资目的地。

2014年，中国对发展中经济体的投资976.8亿美元，占到当年流量的79.3%，同比增长6.5%；其中对中国香港投资708.67亿美元，同比增长12.8%，对东盟投资78.09亿美元，同比增长7.5%。

流向转型经济体16.1亿美元，同比下降29.1%；其中对俄罗斯投资6.34亿美元，同比下降38%；对哈萨克斯坦投资流量为-4007万美元，主要是境外企业对境内投资主体的负债减少（即债务工具为减项）。但中国对土库曼斯坦、格鲁吉亚、白俄罗斯、塔吉克斯坦、乌兹别克斯坦的投资则实现较快增长。

表6 2014年中国对发达经济体投资情况

经济体名称	流量(万美元)	同比(%)
欧盟	978716	116.3
美国	759613	96.1
加拿大	90384	-10.4
澳大利亚	404910	17.1
日本	39445	-9.1
新西兰	25002	31.3
挪威	5860	70.5
瑞士	3364	-78.8
以色列	5258	2682.0
百慕大群岛	70769	3638.5
合计	**2383321**	**72.3**

注：发达经济体划分标准同联合国贸发会议《世界投资报告》。

表7 2014年中国对经济体直接投资流量构成

单位：亿美元

经济体	金额	同比(%)	比重(%)
发达国家经济体	238.3	72.3	19.4
发展中经济体	976.8	6.5	79.3
转型经济体	16.1	-29.1	1.3
合计	**1231.2**	**14.2**	**100.0**

注：1.经济体划分标准同联合国贸发会议《世界投资报告》。

2.转型经济体主要包括（1）东南欧：阿尔巴尼亚、波斯尼亚和黑塞哥维纳、塞尔维亚、黑山、马其顿共和国；（2）独联体：亚美尼亚、阿塞拜疆、白俄罗斯、吉尔吉斯斯坦、摩尔多瓦、俄罗斯、乌克兰、塔吉克斯坦、哈萨克斯坦、土库曼斯坦、乌兹别克斯坦。（3）格鲁吉亚。

6. 国家地区高度集中，近七成的投资流向中国香港、英属维尔京群岛、开曼群岛和卢森堡

2014年，对外直接投资流向中国香港、开曼群岛、英属维尔京群岛、卢森堡的投资共计842.07亿美元，较上年增长10%，占流量前20个国家（地区）的75.8%，占当年流量总额的68.4%。中国企业在上述国家（地区）设立的境外企业以商务服务业为主，2014年主要并购项目大多通过这些境外企业再投资完成。2014年流量在10亿美元以上的国家（地区）有13个，较上年增加2个。

中国香港 708.67亿美元，占当年流量的57.6%，主要流向租赁和商务服务业、批发和零售业、金融业、采矿业、制造业、房地产业、交通运输／仓储和邮政业等。

美国 75.96亿美元，占6.2%，主要流向制造业、房地产业、采矿业、金融业、租赁和商务服务业、批发和零售业、科学研究和技术服务业、水利／环境和公共设施管理业、建筑业等。

卢森堡 45.78亿美元，占3.7%，主要流向商务服务业、金融业、采矿业、批发和零售业等。

英属维尔京群岛 45.7 亿美元，占 3.7%，主要流向商务服务业。

开曼群岛 41.92 亿美元，占 3.4%，主要流向商务服务业。

澳大利亚 40.49 亿美元，占 3.3%，主要流向采矿业、房地产业、租赁和商务服务业、批发零售业、制造业、农／林／牧／渔业、金融业、建筑业等。

新加坡 28.14 亿美元，占 2.3%，主要流向商务服务业、批发和零售业、制造业、建筑业、电力／热力／燃气及水的生产和供应业、交通运输／仓储和邮政业等。

英国 14.99 亿美元，占 1.2%，主要流向房地产业、金融业、商务服务业、批发和零售业、制造业等。

德国 14.39 亿美元，占 1.2%，主要分布在制造业、批发和零售业、科学研究和技术服务业、金融业等。

印度尼西亚 12.72 亿美元，占 1%，主要分布在制造业、农／林／牧／渔业、采矿业、电力／热力／燃气及水的生产和供应业、建筑业、金融业等。

荷兰 10.3 亿美元，占 0.8%，主要流向采矿业、批发和零售业、商务服务业、制造业等。

老挝 10.27 亿美元，占 0.8%，主要流向采矿业、电力／热力／燃气及水的生产和供应业、建筑业、农／林／牧／渔业、房地业等。

巴基斯坦 10.14 亿美元，占 0.8%，主要分布在信息传输／软件和信息技术服务业、科学研究和专业技术服务业、制造业、建筑业等。

表8　2014年中国对外直接投资流量前二十位的国家（地区）

序号	国家（地区）	流量(亿美元)	比重(%)
1	中国香港	708.67	57.6
2	美国	75.96	6.2
3	卢森堡	45.78	3.7
4	英属维尔京群岛	45.70	3.7
5	开曼群岛	41.92	3.4
6	澳大利亚	40.49	3.3
7	新加坡	28.14	2.3
8	英国	14.99	1.2
9	德国	14.39	1.2
10	印度尼西亚	12.72	1.0
11	荷兰	10.30	0.8
12	老挝	10.27	0.8
13	巴基斯坦	10.14	0.8
14	加拿大	9.04	0.7
15	泰国	8.39	0.7
16	巴西	7.30	0.6
17	百慕大群岛	7.08	0.6
18	阿拉伯联合酋长国	7.05	0.6
19	阿尔及利亚	6.66	0.5
20	俄罗斯联邦	6.34	0.5
	合计	**1111.33**	**90.3**

7. 对非洲、拉美投资下滑，对其他地区投资呈两位数增长

2014年，中国对**非洲**投资32亿美元，较上年下降5%，占当年流量的2.6%。主要分布在阿尔及利亚、赞比亚、肯尼亚、刚果（布）、尼日利亚、中非、苏丹、坦桑尼亚、埃及等。2014年对非投资领域分布广泛，主要涉及建筑业、交通运输/仓储和邮政业、制造业、采矿业、金融业、租赁和商务服务业、农/林/牧/渔业、房地产业等。

表9　2014年中国对非洲直接投资流量行业构成

行业	流量（万美元）	比重(%)
建筑业	75972	23.7
交通运输、仓储和邮政业	56387	17.6
制造业	50140	15.7
采矿业	41933	13.1
金融业	27442	8.6
租赁和商务服务业	14036	4.4
农、林、牧、渔业	13307	4.1
房地产业	12410	3.9
电力、热力、燃气及水的生产和供应业	7964	2.5
批发和零售业	7226	2.3
文化、体育和娱乐业	6799	2.1
居民服务、修理和其他服务业	2692	0.8
信息传输、软件和信息技术服务业	2192	0.7
水利、环境和公共设施管理业	1187	0.4
其他行业	506	0.1
合计	**320193**	**100.0**

中国对**拉丁美洲**的投资105.4亿美元，同比下降26.6%，占8.6%。主要流向英属维尔京群岛、开曼群岛、巴西、哥伦比亚、墨西哥、厄瓜多尔、委内瑞拉等。其中，对避税地开曼群岛和英属维尔京群岛的投资87.62亿美元，同比下降29.8%，占对拉美投资总额的83.1%，较上年下降3.8个百分点。

中国对**欧洲**的投资108.4亿美元，同比增长82.2%，占当年流量总额的8.8%，较上年提升3.3个百分点。主要流向英国、卢森堡、德国、荷兰、俄罗斯、法国、格鲁吉亚、比利时、瑞典等。

大洋洲43.4亿美元，同比增长18.6%，占当年流量总额的3.5%。主要流向澳大利亚、新西兰、萨摩亚、巴布亚新几内亚等。

亚洲849.9亿美元，同比增长12.4%，占当年流量总额的69%，主要流向中国香港、新加坡、印度尼西亚、哈萨克斯坦、老挝、泰国、伊朗、马来西亚、柬埔寨等。其中对中国香港的投资占对亚洲投资流量的83.4%。

北美洲 92.1亿美元，同比增长88%，占当年流量总额的7.5%，较上年提升3个百分点，主要流向美国、加拿大。

图9 2014年中国对外直接投资流量各洲分布情况

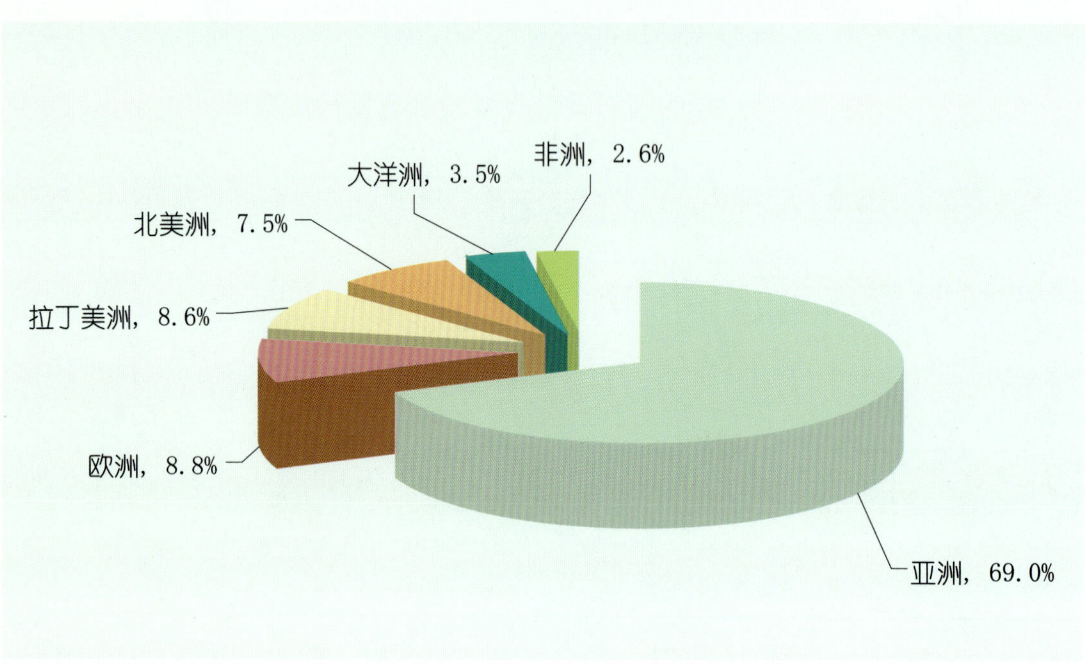

表10 2014年中国对外直接投资流量各洲构成情况

单位：亿美元

洲别	流量	同比(%)	比重(%)
亚洲	849.9	12.4	69.0
欧洲	108.4	82.2	8.8
拉丁美洲	105.4	-26.6	8.6
北美洲	92.1	88.0	7.5
大洋洲	43.4	18.6	3.5
非洲	32.0	-5.0	2.6
合计	**1231.2**	**14.2**	**100.0**

8. **地方投资占比首次过半，广东、北京、上海位列前三**

2014年，地方企业非金融类对外直接投资流量达547.26亿美元，同比增长50.3%，占全国非金融类流量的51.1%，首次超过中央企业和单位对外直接投资规模。其中：东部地区447.8亿美元，占地方投资流量的81.8%，同比增长53.2%；西部地区65.19亿美元，占11.9%，同比增长78.4%；中部地区34.27亿美元，占6.3%，同比下降3.1%。 广东、北京、上海、天津、江苏、山东、浙江、辽宁、四川、云南位列地方对外直接投资流量前10位，合计432.8亿美元，占地方对外投资流量的79.1%。

表11　2014年地方对外直接投资流量按区域分布情况

地区	流量(亿美元)	同比(%)
东部地区	447.80	53.2
中部地区	34.27	-3.1
西部地区	65.19	78.4
合计	**547.26**	**50.3**

注：1.中部地区包括山西、安徽、江西、河南、湖北、湖南六省。
　　2.西部地区包括：内蒙古、广西、四川、重庆、贵州、云南、陕西、甘肃、青海、宁夏、新疆、西藏。

表12　2014年地方对外直接投资流量前十位的省市区

序号	省市区名称	流量(亿美元)	同比(%)
1	广东省	108.97	83.4
2	北京市	72.74	76.1
3	上海市	49.92	86.6
4	天津市	41.46	270.2
5	江苏省	40.70	34.8
6	山东省	39.16	-8.2
7	浙江省	38.62	51.3
8	辽宁省	14.79	14.2
9	四川省	13.82	136.6
10	云南省	12.62	52.0
	合计	**432.80**	

（二）2014年末中国对外直接投资存量

1.在全球的位置和比重

2014年末，中国对外直接投资存量8826.4亿美元，较上年末增加2221.6亿美元，是2002年末存量的近30倍，占全球外国直接投资流出存量的份额由2002年的0.4%提升至3.4%，排名由第25位上升至第8位。中国对外直接投资起步较晚，2010年以后进入快速年发展期，但存量规模仍远不及发达国家，2014年末存量仅相当于同期美国的14%，英国、德国的55.7%，法国的69%，日本的74%。

图 10　2002 至 2014 年中国对外直接投资存量情况

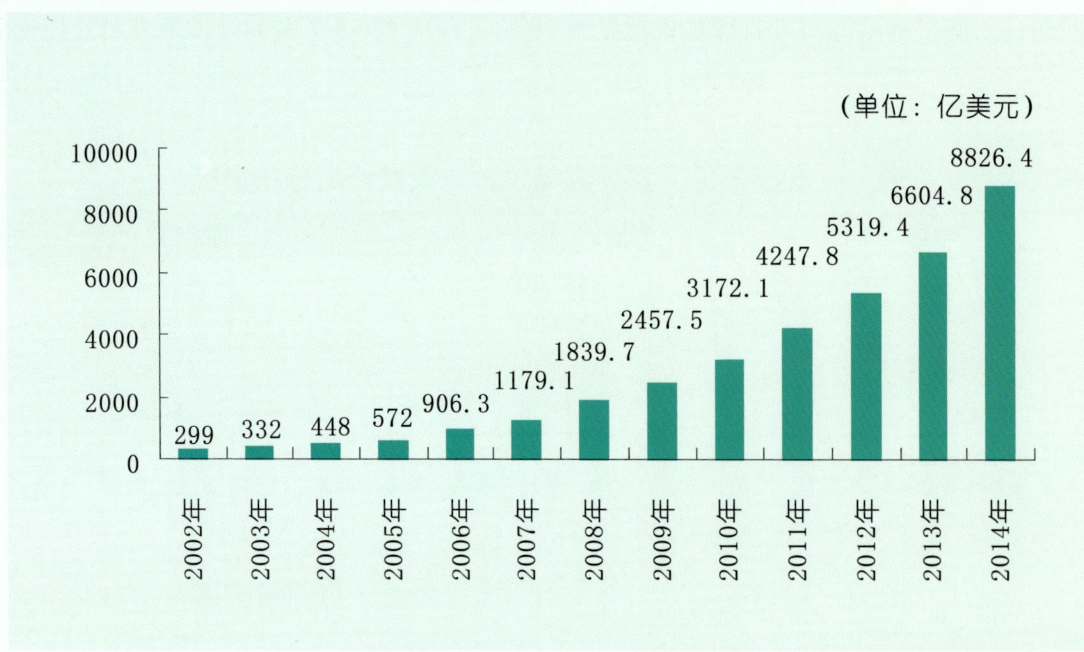

表13　2014年末全球对外直接投资存量前十位的国家(地区)

单位：亿美元

位次	国家地区	2014年末存量	占全球比重(%)
1	美国	63186.4	24.4
2	英国	15841.5	6.1
3	德国	15832.8	6.1
4	中国香港	14599.5	5.6
5	法国	12791.0	4.9
6	日本	11931.4	4.6
7	荷兰	9852.6	3.8
8	中国	8826.4	3.4
9	加拿大	7145.5	2.8
10	爱尔兰	6280.3	2.4
	合计	**166287.4**	**64.1**

注：2014年中国对外直接投资来源于商务部统计数据，其他国家（地区）统计数据来源于联合国贸发会议《2015世界投资报告》。

图 11　2014年末全球主要经济体对外直接投资存量占比

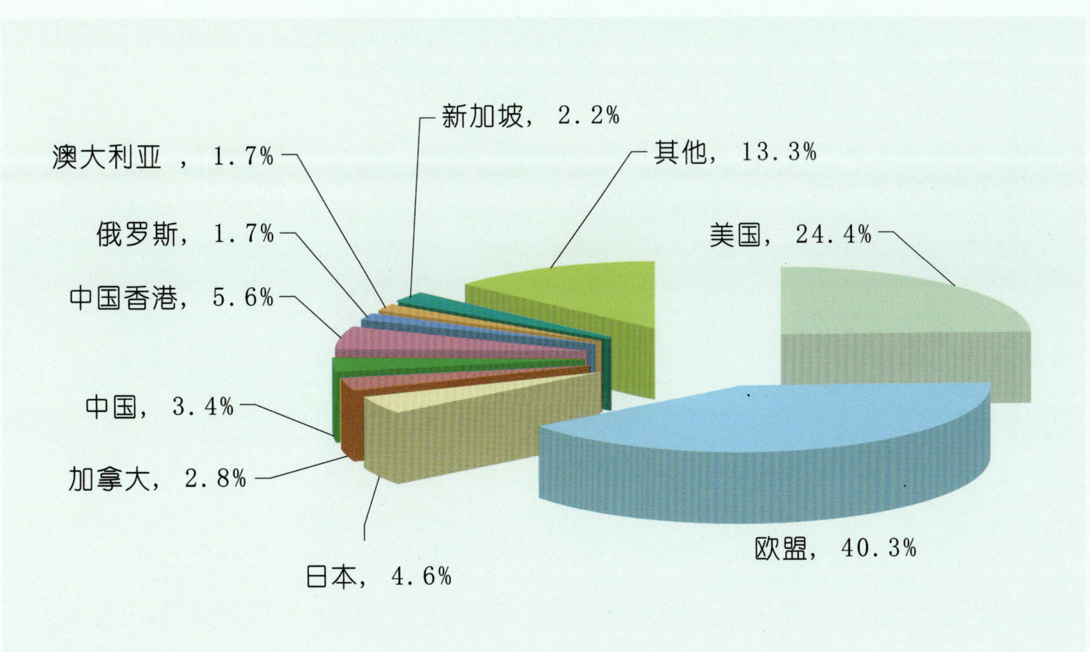

2. 国家地区分布

2014年末，中国对外直接投资存量分布在全球的186个国家（地区），占全球国家（地区）总数的79.8%，2014年较上年新增了对危地马拉和萨尔瓦多的投资。

2014年末，中国在**亚洲**的投资存量为6009.7亿美元，占68.1%，主要分布在中国香港、新加坡、哈萨克斯坦、印度尼西亚、老挝、缅甸、中国澳门、蒙古、巴基斯坦、伊朗、柬埔寨、印度、泰国、越南等；中国香港占亚洲存量的84.8%。

拉丁美洲1061.1亿美元，占12%，主要分布在英属维尔京群岛、开曼群岛、巴西、委内瑞拉、阿根廷、特立尼达和多巴哥、厄瓜多尔、秘鲁、哥伦比亚、墨西哥等。其中英属维尔京群岛和开曼群岛累计存量935.6亿美元，占对拉美地区投资存量的88.2%。

欧洲694亿美元，占7.9%，主要分布在卢森堡、英国、俄罗斯、法国、德国、挪威、荷兰、瑞典、意大利等。

非洲323.5亿美元，占3.7%，主要分布在南非、赞比亚、阿尔及利亚、尼日利亚、刚果（金）、苏丹、安哥拉、津巴布韦、加纳、刚果（布）、纳米比亚、埃塞俄比亚、坦桑尼亚、肯尼亚等。

北美洲479.5亿美元，占5.4%，主要分布在美国、加拿大。

大洋洲258.6亿美元，占2.9%，主要分布在澳大利亚、新西兰、巴布亚新几内亚、萨摩亚、斐济、马绍尔等。

图 12　2014 年中国对外直接投资存量各洲分布情况

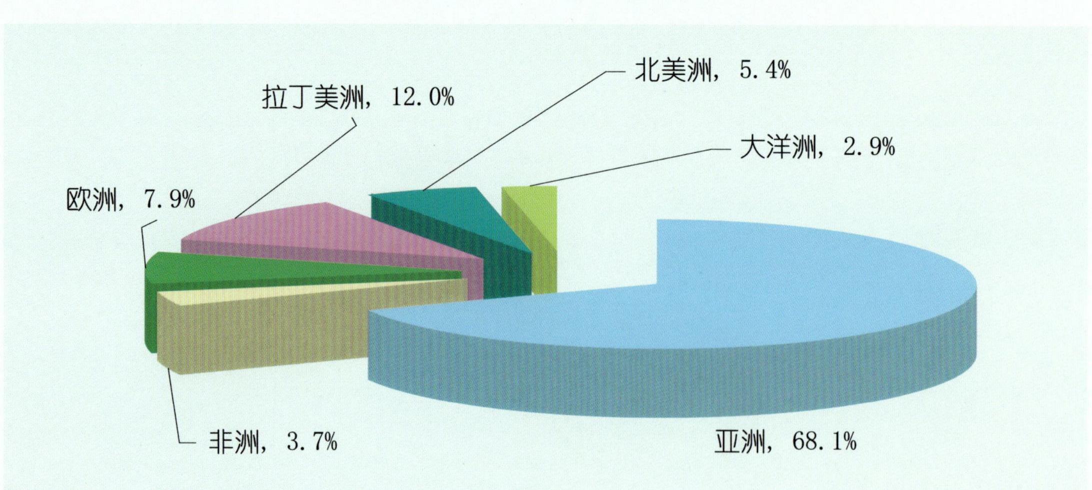

中国对外直接投资存量的八成分布在发展中经济体。2014 年末，中国在发展中经济体的投资存量为 7281.68 亿美元，占 82.5%。在发达经济体存量 1352.51 亿美元，占 15.3%，较上年提升 1.1 个百分点，其中欧盟 542.1 亿美元，占在发达经济体投资存量的 40.1%; 美国 380.11 亿美元，占 28.1%; 澳大利亚 238.82 亿美元，占 17.6%; 加拿大 77.89 亿美元，占 5.7%; 挪威 52.24 亿美元，占 3.9%; 日本 25.47 亿美元，占 1.9%。

表14　2014年末中国在发达经济体直接投资存量情况

国家、经济体名称	存量（亿美元）	比重（%）
欧盟	542.10	40.1
挪威	52.24	3.9
瑞士	3.88	0.3
美国	380.11	28.1
加拿大	77.89	5.7
澳大利亚	238.82	17.6
新西兰	9.62	0.7
日本	25.47	1.9
以色列	0.87	0.1
百慕大	21.51	1.6
合计	**1352.51**	**100.0**

2014 年末，中国在转型经济体的直接投资存量 192.21 亿美元，占存量总额的 2.2%。其中俄罗斯 86.95 亿美元，占在转型经济体投资存量的 45.2%; 哈萨克斯坦 75.41 亿美元，占 39.2%; 吉尔吉斯斯坦 9.84 亿美元，占 5.1%; 塔吉克斯坦 7.29 亿美元，占 3.8%; 土库曼斯坦 4.48 亿美元，占 2.3%。

图 13　2014 年末中国对经济体直接投资存量构成

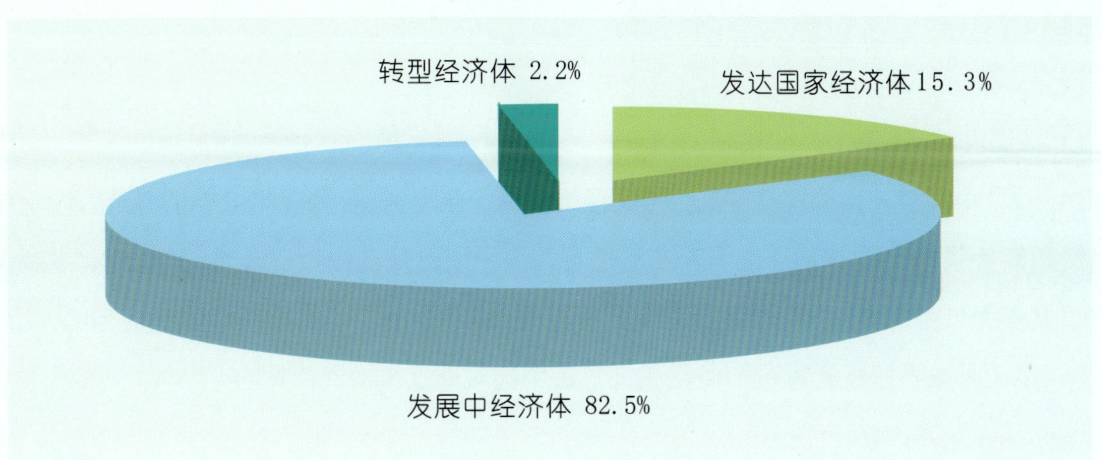

2014 年末，中国对外直接投资存量前 20 位的国家（地区）累计达到 7872.52 亿美元，占中国对外直接投资存量的 89.2%。它们是：中国香港、英属维尔京群岛、开曼群岛、美国、澳大利亚、新加坡、卢森堡、英国、俄罗斯、法国、加拿大、哈萨克斯坦、印度尼西亚、南非、德国、挪威、老挝、荷兰、中国澳门、缅甸。

表15　2014年末中国对外直接投资存量前二十位的国家(地区)

序号	国家(地区)	存量(亿美元)	比重(%)
1	中国香港	5099.20	57.8
2	英属维尔京群岛	493.20	5.6
3	开曼群岛	442.37	5.0
4	美国	380.11	4.3
5	澳大利亚	238.82	2.7
6	新加坡	206.40	2.3
7	卢森堡	156.67	1.8
8	英国	128.05	1.5
9	俄罗斯联邦	86.95	1.0
10	法国	84.45	1.0
11	加拿大	77.89	0.9
12	哈萨克斯坦	75.41	0.8
13	印度尼西亚	67.94	0.8
14	南非	59.54	0.7
15	德国	57.86	0.6
16	挪威	52.24	0.6
17	老挝	44.91	0.5
18	荷兰	41.94	0.5
19	中国澳门	39.31	0.4
20	缅甸	39.26	0.4
	合计	**7872.52**	**89.2**

2014年末，中国对“一带一路”沿线国家的直接投资存量为924.6亿美元，占中国对外直接投资存量的10.5%。

3. 行业分布

（1）按国民经济行业分

2014年末，中国对外直接投资覆盖了国民经济所有行业类别。存量规模上千亿美元的行业有4个，其中**租赁和商务服务业**以3224.4亿美元高居榜首，占中国对外直接投资存量的36.5%。其次为**金融业**1376.2亿美元，占15.6%；**采矿业**1237.3亿美元位列第三，占14%；**批发和零售业**1029.6亿美元，占11.7%。以上行业累计存量为6867.5亿美元，占中国对外直接投资存量的77.8%。其他主要行业分布情况:

制造业523.5亿美元，占5.9%，主要分布在化学原料及化学制品制造业、计算机／通信及其他电子设备制造业、专用设备制造业、汽车制造业、纺织业、医药制造业、电器机械和器材制造业、黑色金属冶炼及压延加工业、橡胶和塑料制品业、食品制造业、有色金属冶炼及压延加工业、纺织服装／装饰业、通用设备制造业、金属制品业等。

交通运输、仓储和邮政业346.8亿美元，占3.9%，主要分布在水上运输业、装卸搬运及其他运输代理业、航空运输业、管道运输业等。

房地产业246.5亿美元，占2.8%。

建筑业225.8亿美元，占2.6%，主要是房屋建筑业、建筑装饰和其他建筑业、建筑安装业的投资。

电力、热力、燃气及水的生产和供应业150.4亿美元，占1.7%，主要为电力、热力生产和供应业的投资。

信息传输、软件和信息技术服务业123.3亿美元，占1.4%，主要为软件和信息技术服务业等。

科学研究和技术服务业108.7亿美元，占1.2%，主要为专业技术服务业、研究试验和发展的投资。

农、林、牧、渔业96.9亿美元，占1.1%，其中农业占28.9%，林业占26.4%，渔业占12.2%。

居民服务、修理和其他服务业90.4亿美元，占1%，主要是其他服务业以及居民服务业的投资。

文化、体育和娱乐业16亿美元，占0.2%。

水利、环境和公共设施管理业13.3亿美元，占0.2%。

住宿和餐饮业13.1亿美元，占0.1%。

其他行业4.2亿美元，占0.1%。

图 14 2014 年末中国对外直接投资存量行业分布

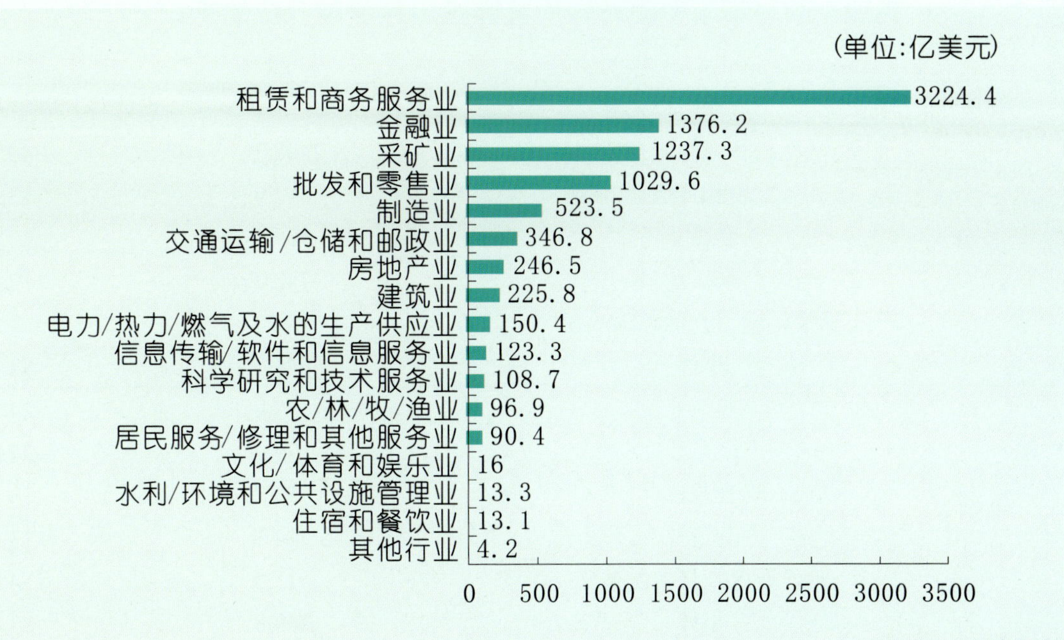

图 15 2014 年末中国对外直接投资存量行业比重

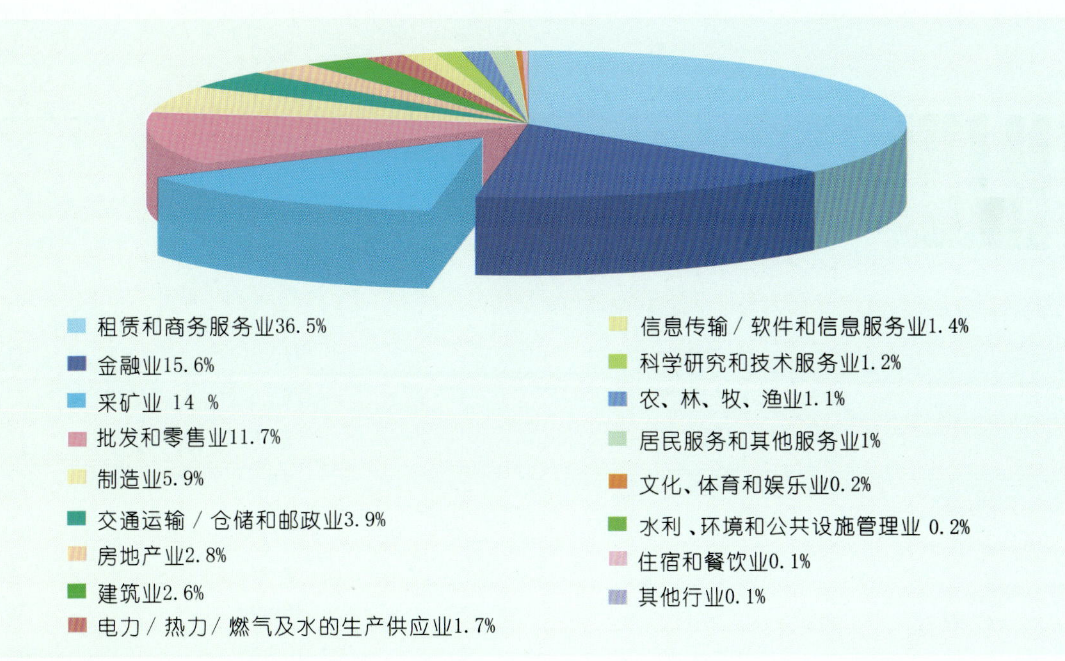

从存量行业的地区分布情况看，中国对各地区直接投资的行业高度集中。

表16 2014年末中国对各洲直接投资存量前五位的行业

地区	行业名称	存量(亿美元)	占比(%)
亚洲	租赁和商务服务业	2408.2	40.1
	批发和零售业	812.9	13.5
	金融业	809.6	13.5
	采矿业	742.7	12.4
	交通运输、仓储和邮政业	283.5	4.7
	小计	**5056.9**	**84.2**
非洲	建筑业	79.8	24.7
	采矿业	79.2	24.5
	金融业	53.2	16.4
	制造业	44.1	13.6
	科学研究和技术服务业	13.5	4.2
	小计	**269.8**	**83.4**
欧洲	租赁和商务服务业	161.8	23.3
	金融业	137.5	19.8
	制造业	117.2	16.9
	采矿业	107.9	15.5
	批发和零售业	54.7	7.9
	小计	**579.1**	**83.4**
拉丁美洲	租赁和商务服务业	605.0	57.0
	金融业	194.1	18.3
	批发和零售业	84.4	8.0
	采矿业	54.3	5.1
	交通运输、仓储和邮政业	34.5	3.2
	小计	**972.3**	**91.6**
北美洲	金融业	162.6	33.9
	采矿业	83.8	17.5
	制造业	71.7	15.0
	租赁和商务服务业	31.6	6.6
	房地产业	31.2	6.5
	小计	**380.9**	**79.5**
大洋洲	采矿业	169.4	65.5
	金融业	19.3	7.5
	房地产业	18.5	7.2
	农、林、牧、渔业	10.7	4.1
	制造业	9.5	3.7
	小计	**227.4**	**88.0**

（2）按三次产业分

2014年末中国对外直接投资存量的75%分布在第三产业（即服务业），金额为6616.5亿美元，主要分布在商务服务、金融、批发和零售、交通运输/仓储、房地产业等领域。第二产业2132.3亿美元，占中国对外直接投资存量的24%，其中采矿业（不含开采辅助活动）1233.1亿美元，占到第二产业的57.8%，制造业（不含金属制品、机械和设备修理业）523亿美元，占24.5%，建筑业225.8亿美元，占10.6%，电力/热力/燃气及水的生产和供应业150.4亿美元，占7.1%。第一产业（农/林/牧/渔业，但不含农/林/牧/渔服务业）77.6亿美元，占中国对外直接投资存量的1%。

图16 2014年末中国对外直接投资存量按三次产业分类构成

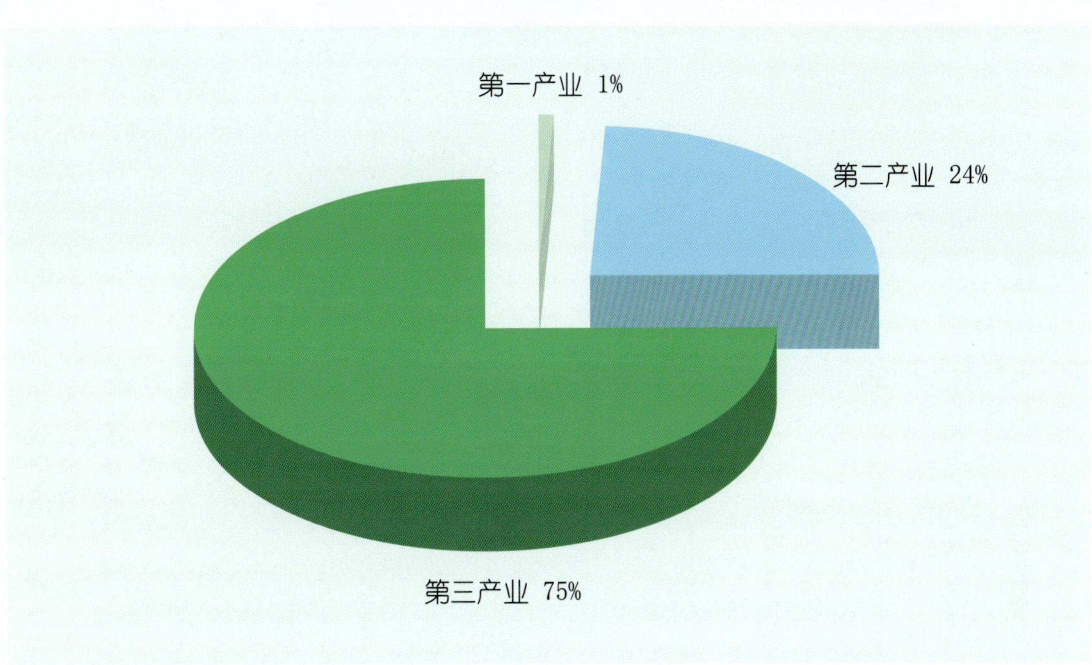

4. 按境内投资者工商行政管理注册类型分类

2014年末，在对外非金融类直接投资7450.2亿美元存量中，国有企业占53.6%；非国有企业占46.4%，较上年增加1.6个百分点，其中有限责任公司占33.2%，较上年增加2.4个百分点；股份有限公司占7.7%;私营企业占1.6%;股份合作企业占1.5%;外商投资企业占1.2%;港澳台投资企业占0.3%;集体企业占0.1%;其他占0.8%。

图 17 2014 年末中国非金融类对外直接投资存量按境内投资者注册类型分布情况

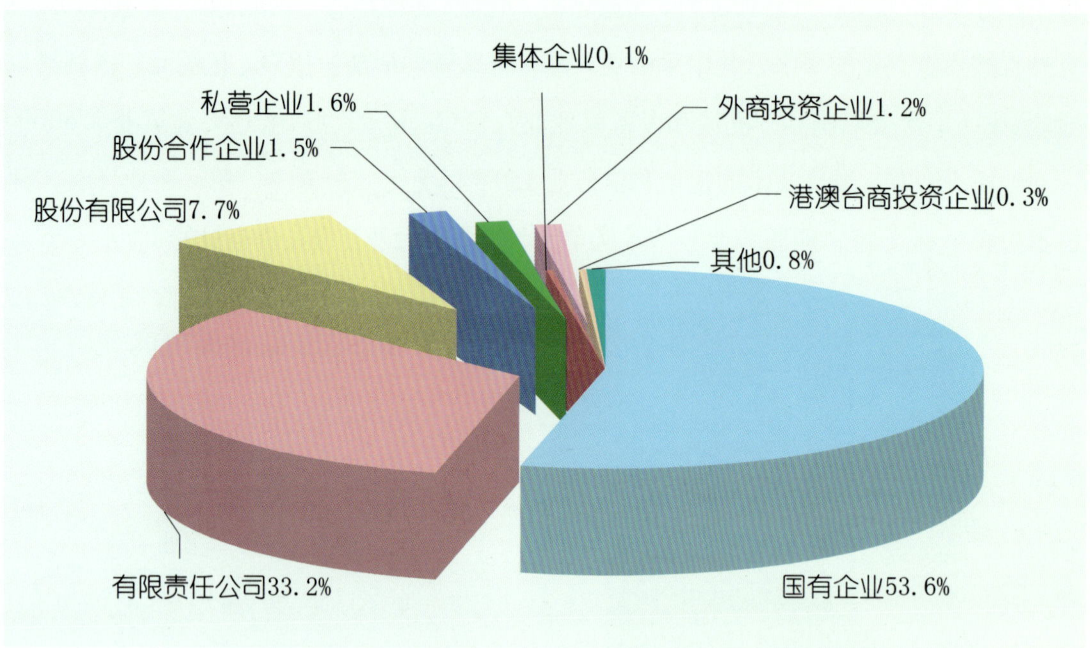

图 18 2006 至 2014 年中国国有企业和非国有企业存量占比情况

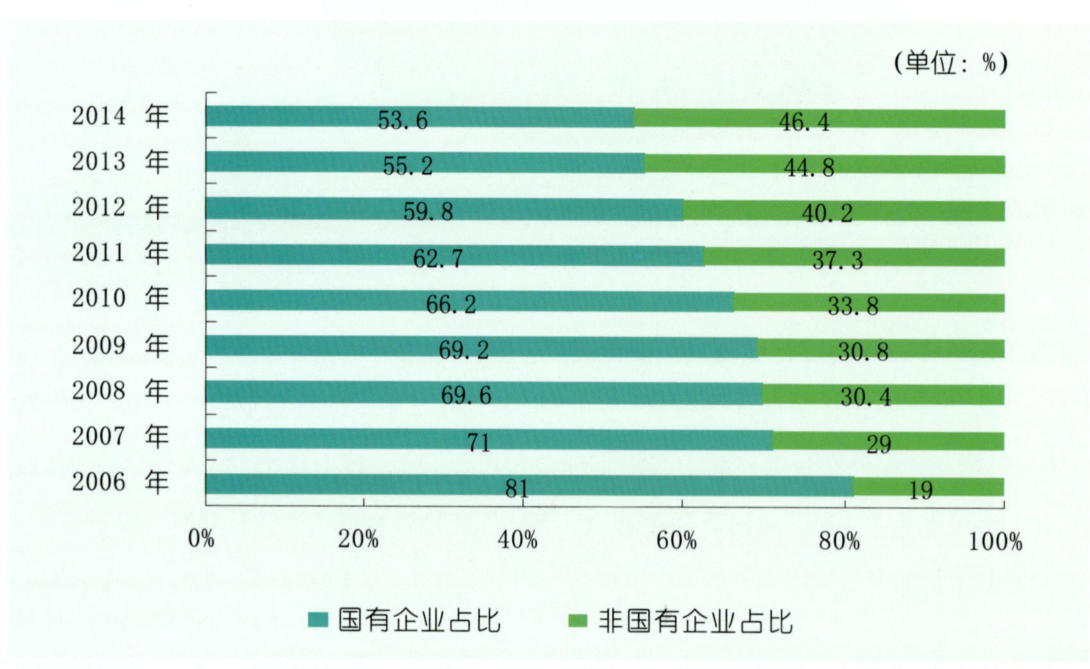

5. 省市分布

2014年末，地方企业对外非金融类直接投资存量达到2354.4亿美元，占全国非金融类存量的31.6%，较上年增加1.3个百分点。其中：东部地区1922.4亿美元，占81.6%；西部地区249.2亿美元，占10.6%；中部地区182.8亿美元，占7.8%。广东是中国对外直接投资存量最大的省份，其次为上海，以后依次为山东、北京、江苏、浙江、辽宁、湖南、福建、云南等。

表17　2014年末对外直接投资存量前十位的省市区

序号	省、市、区名称	存量(亿美元)
1	广东省	494.8
2	北京市	284.9
3	上海市	254.8
4	山东省	197
5	江苏省	156.1
6	浙江省	153.7
7	辽宁省	92.6
8	天津市	92.3
9	湖南省	55.2
10	云南省	51.4
	合计(占地方存量77.8%)	**1832.8**

图19　2014年末地方企业对外直接投资存量地区比重构成

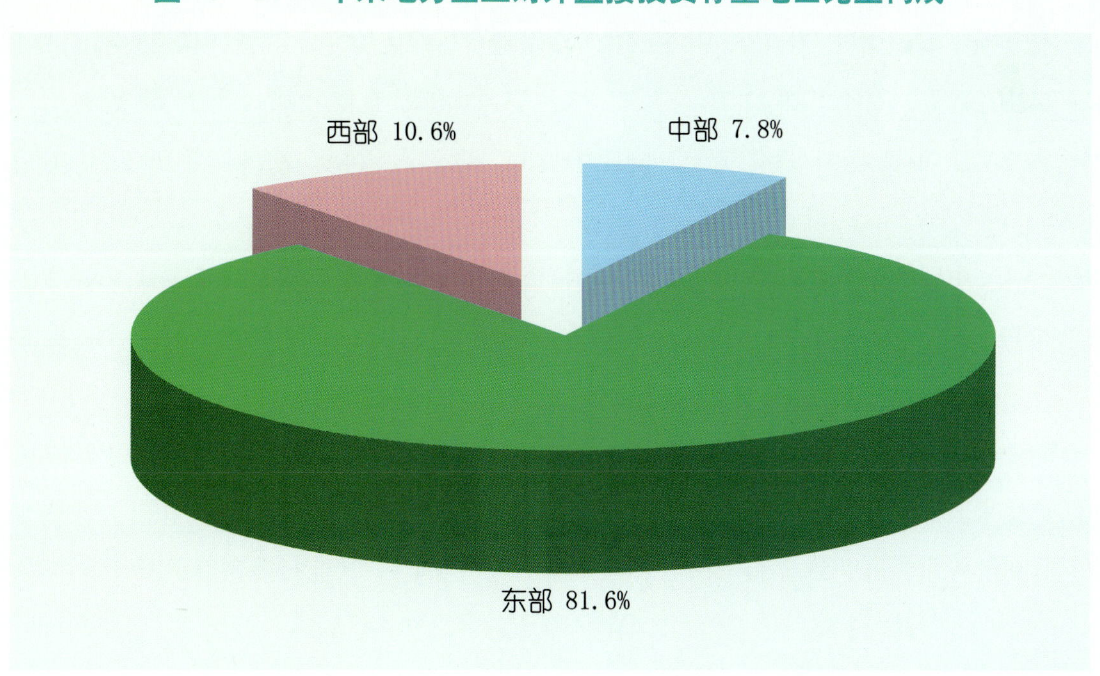

三、中国对世界主要经济体的直接投资

表18 2014年中国对主要经济体投资情况

单位:亿美元

经济体名称	流量			存量	
	金额	同比(%)	比重(%)	金额	比重(%)
中国香港	708.67	12.8	57.6	5099.20	57.8
欧盟	97.87	116.3	7.9	542.10	6.1
东盟	78.09	7.5	6.3	476.33	5.4
美国	75.96	96.1	6.2	380.11	4.3
澳大利亚	40.49	17.1	3.3	238.82	2.7
俄罗斯联邦	6.34	-38.0	0.5	86.95	1.0
合计	**1007.42**	**21.4**	**81.8**	**6823.51**	**77.3**

（一）中国内地对香港地区的投资

2014年，中国内地对香港地区的投资流量为708.67亿美元，占流量总额的57.6%，同比增长12.8%，是中国对外直接投资流量最大的地区。中国对外直接投资主要并购项目大多通过香港地区再投资完成，如2014年中国五矿集团公司等收购秘鲁拉斯邦巴斯铜矿、联想集团收购摩托罗拉手机业务、国家电网公司收购意大利存贷款能源网公司（35%股权）等项目。从行业构成情况看，流向租赁和商务服务业（以投资控股为主要目的）239.5亿美元，同比增长35.5%，占33.8%；批发和零售业136.81亿美元，同比增长25.7%，占19.3%；金融业97.06亿美元，同比下降23.4%，占13.7%；采矿业83.42亿美元，同比下降22.7%，占11.8%；交通运输、仓储和邮政业26.09亿美元，同比下降9.4%，占3.7%；制造业31.37亿美元，同比增长111.4%，占4.4%；房地产业29.52亿美元，同比增长28.8%，占4.2%。

2014年末，中国内地共在香港地区设立直接投资企业9000多家，年末投资存量5099.2亿美元，占存量总额的57.8%。从主要行业构成看，租赁和商务服务业2331.17亿美元，占45.7%;批发和零售业731.33亿美元，占14.3%;金融业674.83亿美元，占13.2%;采矿业543.46亿美元，占10.7%;交通运输、仓储业256.13亿美元，占5%;制造业155.37亿美元，占3.1%;房地产业占2.9%;信息传输、软件和信息技术服务业占1.8%；居民服务、修理和其他服务业占1.4%；建筑业和电力、热力、燃气和水的生产和供应业各占0.5%；科学研究和技术服务业占0.4%，其他行业占0.5%。

表19　2014年中国内地对中国香港直接投资的主要行业

单位:万美元

行业	流量	比重(%)	存量	比重(%)
租赁和商务服务业	2395341	33.8	23311707	45.7
批发和零售业	1368117	19.3	7313283	14.3
金融业	970565	13.7	6748282	13.2
采矿业	834206	11.8	5434594	10.7
交通运输、仓储和邮政业	260941	3.7	2561288	5.0
制造业	313687	4.4	1553696	3.1
房地产业	295224	4.2	1456944	2.9
信息传输、软件和信息技术服务业	276452	3.9	916967	1.8
居民服务/修理和其他服务业	115776	1.6	721828	1.4
建筑业	42045	0.6	267299	0.5
电力、热力、燃气及水的生产和供应业	71830	1.0	267204	0.5
科学研究和技术服务业	45819	0.6	195211	0.4
农、林、牧、渔业	20955	0.3	81091	0.2
文化体育和娱乐业	25485	0.4	63338	0.1
水利、环境和公共设施管理业	35599	0.5	59207	0.1
其他行业	14688	0.2	40044	0.1
合计	**7086730**	**100.0**	**50991983**	**100.0**

（二）中国对欧盟的投资

2014年是中国对欧盟投资流量最高的年份，金额高达97.87亿美元，同比增长116.3%，占流量总额的7.9%，较上年提升3.7个百分点，占对欧洲投资流量的90.3%。其中卢森堡位居首位，流量达45.78亿美元，同比增长259.1%，占对欧盟投资流量的46.8%；其次为英国14.99亿美元，同比增长5.6%，占15.3%；德国位列第三，14.39亿美元，同比增长58%，占14.7%。

从行业分布看，流向租赁和商务服务业42.3亿美元，占43.2%，主要分布在卢森堡、英国、荷兰、爱尔兰、波兰等；制造业12.86亿美元，占13.1%，主要分布在德国、法国、意大利、丹麦等；房地产业9.97亿美元，占10.2%，主要在英国等；采矿业8.73亿美元，占8.9%，主要分布在荷兰、卢森堡、比利时等；金融业8.48亿美元，占8.7%，主要分布在英国、卢森堡、德国、法国、丹麦、匈牙利等；批发和零售业7.7亿美元，占7.9%，主要分布在荷兰、德国、卢森堡、英国、比利时等。

截至2014年末，中国对欧盟的投资存量为542.1亿美元，占存量总额的6.1%，占对欧洲投资存量的78.1%。存量在30亿美元以上的国家有六个，分别为：卢森堡、英国、法国、德国、荷兰、瑞典。从行业分布看，租赁和商务服务业149.03亿美元，占27.5%，主要分布在卢森堡、英国、荷兰、德国、爱尔兰等；金融业127.57亿美元，占23.5%，主要分布在英国、法国、卢森堡、德国、荷兰、意大利、丹麦等；制造业87.74亿美元，占16.2%，主要分布在德国、瑞典、英国、荷兰、法国、意大利、卢森堡、匈牙利、奥地利、波兰、西班牙等；采矿业51.02亿美元，占9.4%，主要分布在法国、卢森堡、荷兰、比利时、英国等；批发和零售业49.72亿美元，占9.2%，主要分布在荷兰、英国、德国、瑞典、卢森堡、意大利等；房地产业23.84亿美元，占4.4%，主要在英国；交通运输、仓储业12.47亿美元，占2.3%，主要分布在英国、德国、比利时等；建筑业占1.9%；科学研究和技术服务业占1.7%；电力、热力、燃气及水的生产和供应业占1.4%。

2014年末，中国共在欧盟设立直接投资企业超过2000家，已覆盖欧盟的全部28个成员国，雇佣外方员工7.39万人。

表20　2014年中国对欧盟直接投资的主要行业

单位:万美元

行业	流量	比重(%)	存量	比重(%)
租赁和商务服务业	423041	43.2	1490329	27.5
金融业	84812	8.7	1275714	23.5
制造业	128584	13.1	877439	16.2
采矿业	87278	8.9	510205	9.4
批发和零售业	76990	7.9	497150	9.2
房地产业	99697	10.2	238398	4.4
交通运输、仓储和邮政业	4455	0.5	124716	2.3
建筑业	4074	0.4	101509	1.9
科学研究和技术服务业	24318	2.5	95631	1.7
电力、热力、燃气及水的生产和供应业	3948	0.4	75212	1.4
住宿和餐饮业	2884	0.3	36493	0.7
农、林、牧、渔业	16757	1.7	40364	0.7
居民服务、修理和其他服务业	17645	1.8	26996	0.5
教育	100	—	9696	0.2
信息传输、软件和信息技术服务业	1535	0.2	15195	0.3
文化、体育和娱乐业	2369	0.2	5648	0.1
其他	229	—	345	—
合计	**978716**	**100.0**	**5421040**	**100.0**

（三）中国对东盟的投资

2014年，中国对东盟十国的投资流量为78.09亿美元，同比增长7.5%，占流量总额的6.3%，对亚洲投资流量的9.2%；存量为476.33亿美元，占存量总额的5.4%，亚洲投资存量的7.9%。2014年末，中国共在东盟设立直接投资企业 3300 多家，雇用外方员工 15.95 万人。

2014 年，中国对东盟投资主要流向：制造业 15.22 亿美元，同比增长 28%，占 19.5%，主要分布在印度尼西亚、新加坡、泰国、越南、柬埔寨等；租赁和商务服务业 12.39 亿美元，占 15.9%，主要分布在新加坡、老挝等；批发和零售业 11.18 亿美元，占 14.3%，主要分布在新加坡、菲律宾、印度尼西亚、泰国等；建筑业 7.97 亿美元，占 10.2%，主要分布在老挝、新加坡、柬埔寨、马来西亚、印度尼西亚等；农、林、牧、渔业 7.83 亿美元，占 10%，主要分布在印度尼西亚、老挝、柬埔寨等；采矿业 6.74 亿美元，占 8.6%，主要分布在缅甸、印度尼西亚等；金融业 6.73 亿美元，占 8.6%，主要分布在泰国、马来西亚、菲律宾、柬埔寨等；电力、热力、煤气燃气及水的生产和供应业 6.46 亿美元，占 8.3%。

从 2014 年中国对东盟投资存量的行业分布情况看，电力、热力、燃气及水的生产供应业 72.26 亿美元，占 15.2%，主要分布在新加坡、缅甸、柬埔寨、印度尼西亚、老挝等；租赁和商务服务业 68.43 亿美元，占 14.4%，主要分布在新加坡、马来西亚、老挝、越南、泰国等；制造业 61.33 亿美元，占 12.9%，是中国对东盟投资涉及国家最广泛的行业，其中投资额上亿美元的国家有：越南（14.03 亿美元）、泰国（10.35 亿美元）、印度尼西亚（9.85 亿美元）、新加坡（7.41 亿美元）、柬埔寨（7.01 亿美元）、马来西亚（5.42 亿美元）、老挝（4.42 亿美元）、菲律宾（1.47 亿美元）、缅甸（1.29 亿美元）；采矿业 60.53 亿美元，占 12.7%，主要分布在印度尼西亚、缅甸、老挝、新加坡、泰国、柬埔寨、菲律宾等；批发和零售业 59 亿美元，占 12.4%，主要分布在新加坡、印度尼西亚、泰国、越南、菲律宾、马来西亚等；金融业 58.79 亿美元，占 12.3%，主要分布在新加坡、泰国、印度尼西亚、马来西亚、菲律宾等；建筑业 33.62 亿美元，占 7%，主要分布在老挝、柬埔寨、新加坡、马来西亚、越南、印度尼西亚、泰国等；农、林、牧、渔业 24.44 亿美元，占 5.1%，主要分布在老挝、印度尼西亚、柬埔寨、新加坡、泰国、越南、缅甸等；交通运输、仓储业 14.68 亿美元，占 3.1%，主要分布在新加坡、泰国等；房地产业占 2.4%，主要在新加坡；科学研究和技术服务业占 1.4%；信息传输、软件和信息服务业占 0.3%；居民服务和其他服务业占 0.3%；住宿和餐饮业占 0.2%。

表21 2014年中国对东盟直接投资的主要行业

单位:万美元

行业	流量	比重(%)	存量	比重(%)
电力、热力、燃气及水的生产和供应业	64604	8.3	722591	15.2
采矿业	67424	8.6	605297	12.7
租赁和商务服务业	123908	15.9	684283	14.4
制造业	152213	19.5	613266	12.9
批发和零售业	111776	14.3	589980	12.4
金融业	67254	8.6	587937	12.3
建筑业	79726	10.2	336213	7.0
农、林、牧、渔业	78346	10.0	244419	5.1
交通运输、仓储和邮政业	11127	1.4	146834	3.1
房地产业	24152	3.1	116812	2.4
科学研究和技术服务业	2297	0.3	66225	1.4
信息传输、软件和信息服务业	-8481	-1.0	17015	0.3
居民服务、修理和其他服务业	5234	0.7	13349	0.3
住宿和餐饮业	367	—	8633	0.2
文化、体育和娱乐业	980	0.1	3571	0.1
水利、环境和公共设施管理业	—	—	3297	0.1
教育	—	—	3523	0.1
其他行业	—	—	8	—
合计	**780927**	**100.0**	**4763253**	**100.0**

图20 2014年末中国对东盟十国直接投资存量情况

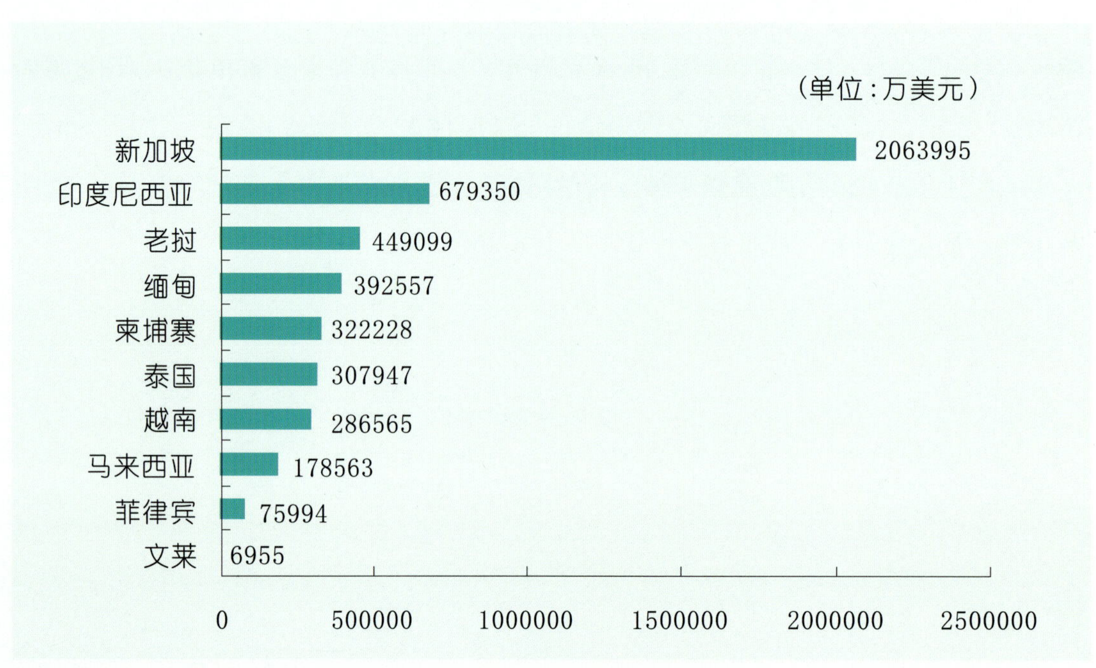

（四）中国对美国的投资

2014年，中国对美投资流量为75.96亿美元，较上年增长96.1%，创中国对美国直接投资历史最高值，占流量总额的6.2%，较上年提升2.6个百分点。2014年末，对美投资存量为380.11亿美元，占中国对外直接投资存量的4.3%，境外企业雇佣美国当地员工4.65万人，较上年末增加1.65万人。

2014年，中国对美投资领域多元，其中流量在10亿美元以上的行业有3个。对美制造业投资以18.04亿美元位列首位，同比增长109.3%，占对美投资流量的23.7%；其次为房地产业16.47亿美元，同比增长82.6%，占21.7%；采矿业以13.62亿美元位列第三，同比下降14.6%，占17.9%。以后依次为金融业6.54亿美元，占8.6%；租赁和商务服务业5.68亿美元，占7.5%；批发和零售业5.3亿美元，占7%；科学研究和技术服务业2.24亿美元，占3%；水利、环境和公共设施管理业1.8亿美元，占2.4%。

从存量行业分布情况看，金融业以147.47亿美元高居榜首，占对美投资存量的38.8%；制造业65.4亿美元，占17.2%，主要分布在汽车制造业、黑色金属冶炼和压延加工业、医药制造业、专用设备制造业、金属制品业、通用设备制造业、计算机／通信和其他电子设备制造业、有色金属冶炼和压延加工业、橡胶和塑料制品业等；采矿业44.42亿美元，占11.7%；房地产业29.59亿美元，占7.8%；批发和零售业25.99亿美元，占6.8%；电力生产和供应业20.19亿美元，占5.3%；租赁和商务服务业14.16亿美元，占3.7%；交通运输、仓储业占1.7%；科学研究和技术服务各占1.6%；建筑业占1.5%。

表22　2014年中国对美国直接投资的主要行业

单位:万美元

行业	流量	比重(%)	存量	比重(%)
金融业	65374	8.6	1474663	38.8
制造业	180389	23.7	654054	17.2
采矿业	136201	17.9	444164	11.7
房地产业	164698	21.7	295925	7.8
批发和零售业	53004	7.0	259898	6.8
电力、热力、燃气及水的生产和供应业	3151	0.4	201863	5.3
租赁和商务服务业	56847	7.5	141635	3.7
交通运输、仓储和邮政业	2178	0.3	65894	1.7
科学研究和技术服务业	22445	3.0	59231	1.6
建筑业	17013	2.2	58187	1.5
水利、环境和公共设施管理业	17996	2.4	34242	0.9
居民服务、修理和其他服务业	8480	1.1	28918	0.8
住宿和餐饮业	12218	1.6	26462	0.7
信息传输、软件和信息技术服务业	9332	1.2	23913	0.6
文化、体育和娱乐业	6880	0.9	15461	0.4
农、林、牧、渔业	2199	0.3	11389	0.3
教育	1188	0.2	3142	0.1
其他行业	20	—	2056	0.1
合计	**759613**	**100.0**	**3801097**	**100.0**

（五）中国对澳大利亚的投资

2014年，中国对澳直接投资流量40.49亿美元，同比增长17.1%，占流量总额的3.3%。主要流向：采矿业30.85亿美元，占76.2%；房地产业3.54亿美元，占8.7%；租赁和商务服务业2亿美元，占4.9%；批发零售业0.92亿美元，占2.3%；制造业占2.2%；农、林、牧、渔业占1.8%；金融业占1.5%。

2014年末，中国对澳大利亚投资存量为238.82亿美元，占中国对外直接投资存量的2.7%，对大洋洲投资存量的92.3%；共在澳大利亚设立近600家境外企业，雇佣外方员工8400多人。存量主要行业分布情况：采矿业166.27亿美元，占69.6%；房地产业18.16亿美元，占7.6%；金融业17.35亿美元，占7.3%；制造业8.08亿美元，占3.4%；租赁和商务服务业7.9亿美元，占3.3%；批发和零售业7.22亿美元，占3%；农、林、牧、渔业3.53亿美元，占1.5%。

表23　2014年中国对澳大利亚直接投资的主要行业

单位:万美元

行业	流量	比重(%)	存量	比重(%)
采矿业	308523	76.2	1662725	69.6
房地产业	35398	8.7	181596	7.6
金融业	6104	1.5	173526	7.3
制造业	8837	2.2	80767	3.4
租赁和商务服务业	20012	4.9	79019	3.3
批发和零售业	9245	2.3	72262	3.0
农、林、牧、渔业	7481	1.8	35280	1.5
水利、环境和公共设施管理业	—	—	33234	1.4
电力、热力、燃气及水的生产和供应业	1877	0.5	20355	0.9
居民服务、修理和其他服务业	1983	0.5	16381	0.7
建筑业	4255	1.1	13385	0.5
科学研究和技术服务业	-1181	-0.3	10263	0.4
交通运输、仓储和邮政业	427	0.1	6961	0.3
住宿和餐饮业	1599	0.4	1804	0.1
其他行业	350	0.1	668	—
合计	**404910**	**100.0**	**2388226**	**100.0**

（六）中国对俄罗斯的投资

2014年，中国对俄罗斯的投资流量6.34亿美元，同比下降38%，占流量总额的0.5%，占对欧洲投资流量的5.8%。从行业分布情况看，投资主要集中在制造业（19.5%）、租赁和商务服务业（15.9%）、批发和零售业（14.3%）、建筑业（10.2%）、农/林/牧/渔业（10%）、采矿业(8.6%)、金融业（8.6%）等。

2014年末，中国对俄罗斯的投资存量为86.95亿美元，占中国对外直接投资存量的1%，对欧洲地区投资存量的12.5%；共在俄罗斯设立境外企业1000多家，雇佣外方员工1.51万人。从存量的主要行业分布情况看，制造业27.48亿美元，占31.6%；农／林／牧／渔业21亿美元，占24.1%；租赁和商务服务业9.79亿美元，占11.3%；采矿业7.96亿美元，占9.2%；金融业7.62亿美元，占8.8%；房地产业5.66亿美元，占6.5%；批发和零售业3.75亿美元，占4.3%；建筑业2.75亿美元，占3.2%。

表24　2014年中国对俄罗斯直接投资的主要行业

单位:万美元

行业	流量	比重(%)	存量	比重(%)
制造业	11550	18.2	274782	31.6
农、林、牧、渔业	35234	55.6	209970	24.1
租赁和商务服务业	2258	3.6	97910	11.3
采矿业	8235	13.0	79597	9.2
房地产业	1075	1.7	56638	6.5
金融业	1484	2.3	76242	8.8
批发和零售业	2469	3.9	37477	4.3
建筑业	652	1.0	27486	3.2
居民服务、修理和其他服务业	—	—	3651	0.4
信息传输、软件和信息技术服务业	105	0.2	1586	0.2
交通运输、仓储和邮政业	16	—	2305	0.3
科学研究和技术服务业	101	0.2	966	0.1
其他行业	177	0.3	853	—
合计	**63356**	**100.0**	**869463**	**100.0**

四、中国对外直接投资者的构成

2014年末，中国对外直接投资者达到1.85万家，从境内投资者在中国工商行政管理部门登记注册情况看，有限责任公司占67.2%，较上年提高1.1个百分点，是中国对外投资最为活跃的群体；私营企业占8.2%，位列次席；国有企业占6.7%，较上年下降1.3个百分点；股份有限公司占6.7%，股份合作企业占2.5%；外商投资企业占2.6%，港、澳、台商投资企业占1.8%，个体经营占0.9%；集体企业占0.5%，其他占2.9%。

图 21　2014 年末境内投资者按登记注册类型构成

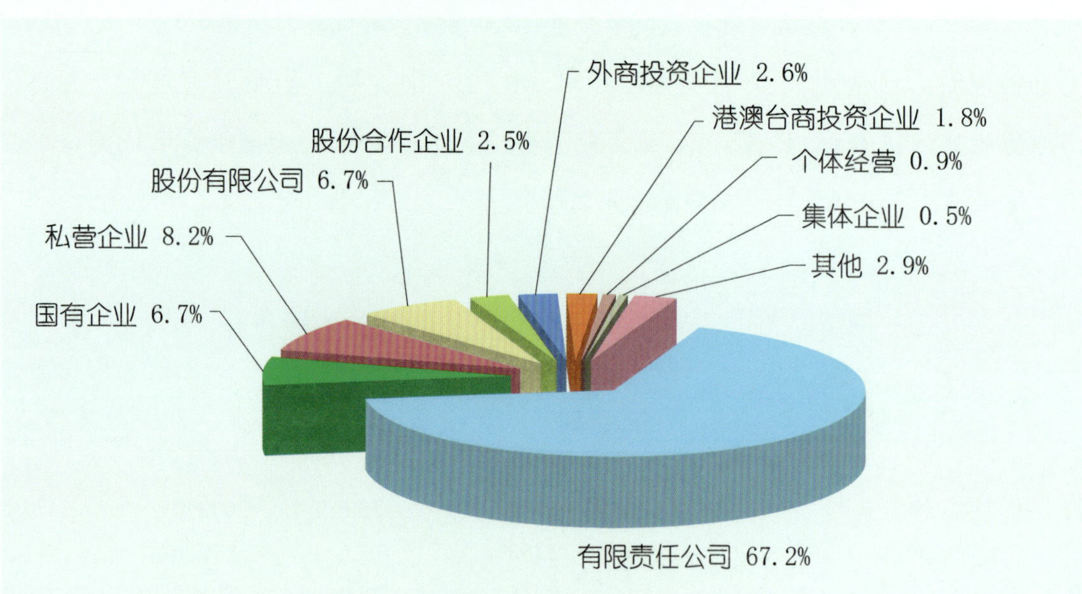

表25　2014年末境内投资者按登记注册类型分类情况

工商登记注册类型	家数(家)	比重(%)
有限责任公司	12459	67.2
私营企业	1528	8.2
国有企业	1240	6.7
股份有限公司	1245	6.7
外商投资企业	477	2.6
股份合作企业	474	2.5
港、澳、台商投资企业	329	1.8
个体经营	160	0.9
集体企业	93	0.5
其他	542	2.9
合计	**18547**	**100.0**

在非金融类对外直接投资者中，中央企业及单位559家，仅占3%，各省区市的地方企业投资者占97%。境内投资者数量前十位的省区市依次为：广东、浙江、江苏、上海、山东、辽宁、北京、福建、黑龙江、天津，共占境内投资者总数的76%。广东省境内投资者数量最多，超过4200家，占23%；其次为浙江省占12.5%；江苏省位列第三，占10.6%。近七成的私营企业投资者来自浙江、广东、上海、江苏、山东五省。

从境内投资者的行业分布看，批发和零售业、制造业共计1.29万家，占到境内投资者总数的七成， 其中：批发和零售业位列首位，占境内投资者的40.9%；其次为制造业占28.6%，主要分布在计算机／通信和其他电子设备制造业、纺织服装／装饰业、纺织业、专用设备制造业、金属制品业、电器机械及器材制造业、化学原料及化学制品制造业、通用设备制造业、医药制造业、汽车制造业、橡胶和塑料制品业等。另外，租赁和商务服务业占6.2%；农／林／牧／渔业占3.3%；建筑业占3.1%；采矿业占2.5%；住宿和餐饮业占2.4%。

图22　2014年末境内投资者行业构成情况

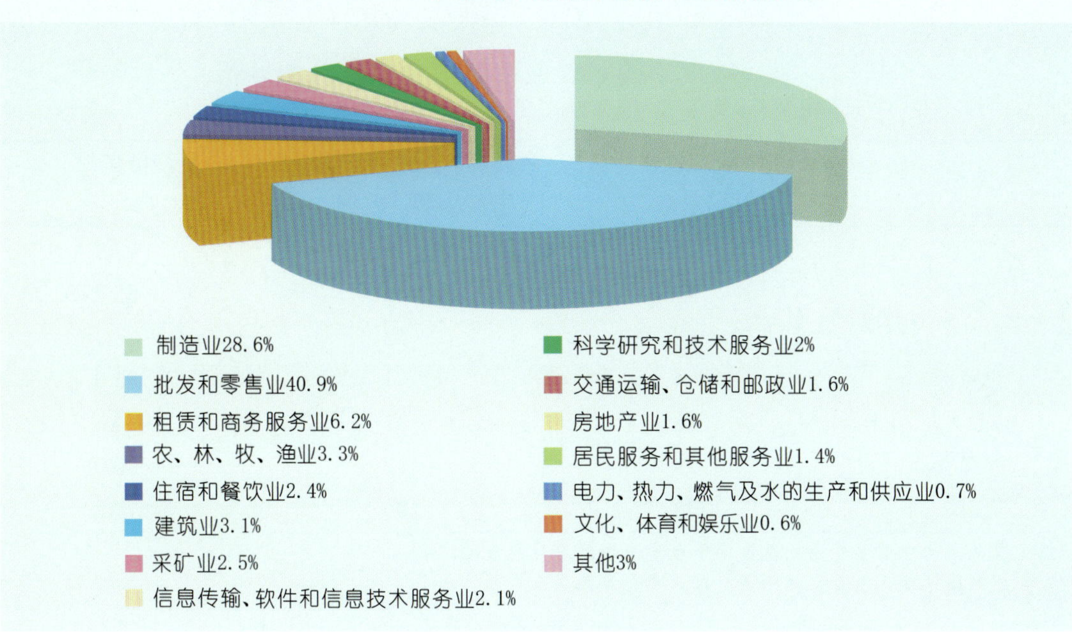

表26　2014年末中国境内投资者行业构成情况

行业	数量(家)	比重(%)
批发和零售业	7579	40.9
制造业	5299	28.6
租赁和商务服务业	1160	6.2
农、林、牧、渔业	607	3.3
建筑业	575	3.1
住宿和餐饮业	441	2.4
采矿业	480	2.5
科学研究和技术服务业	377	2.0
信息传输、软件和信息技术服务业	394	2.1
交通运输、仓储和邮政业	294	1.6
房地产业	293	1.6
居民服务、修理和其他服务业	253	1.4
电力、热力、燃气及水的生产和供应业	136	0.7
文化、体育和娱乐业	109	0.6
其他	550	3.0
合计	**18547**	**100.0**

五、中国对外直接投资企业的构成

（一）国家（地区）分布

2014年末，中国境内投资者共在全球186个国家（地区）设立对外直接投资企业（简称境外企业）2.97万家，较上年末增加近3700家，遍布全球近80%的国家地区。其中：亚洲的境外企业覆盖率高达97.9%，欧洲为85.7%，非洲为86.7%，北美洲为75%，拉丁美洲为64.6%，大洋洲为50%。

表27　2014年末中国对外直接投资企业在各洲分布

单位：个

洲别	2014年末国家（地区）总数	中国境外企业覆盖的国家（地区）数量	投资覆盖率（%）
亚洲	48	46	97.9
欧洲	49	42	85.7
非洲	60	52	86.7
北美洲	4	3	75.0
拉丁美洲	48	31	64.6
大洋洲	24	12	50.0
合计	**233**	**186**	**79.8**

注：1.覆盖率为中国境外企业覆盖国家数量与国家地区总数的比率。
2.亚洲国家地区数量包括中国，覆盖率计算基数未包括。

图23　2014年末中国境外企业在各洲覆盖比率

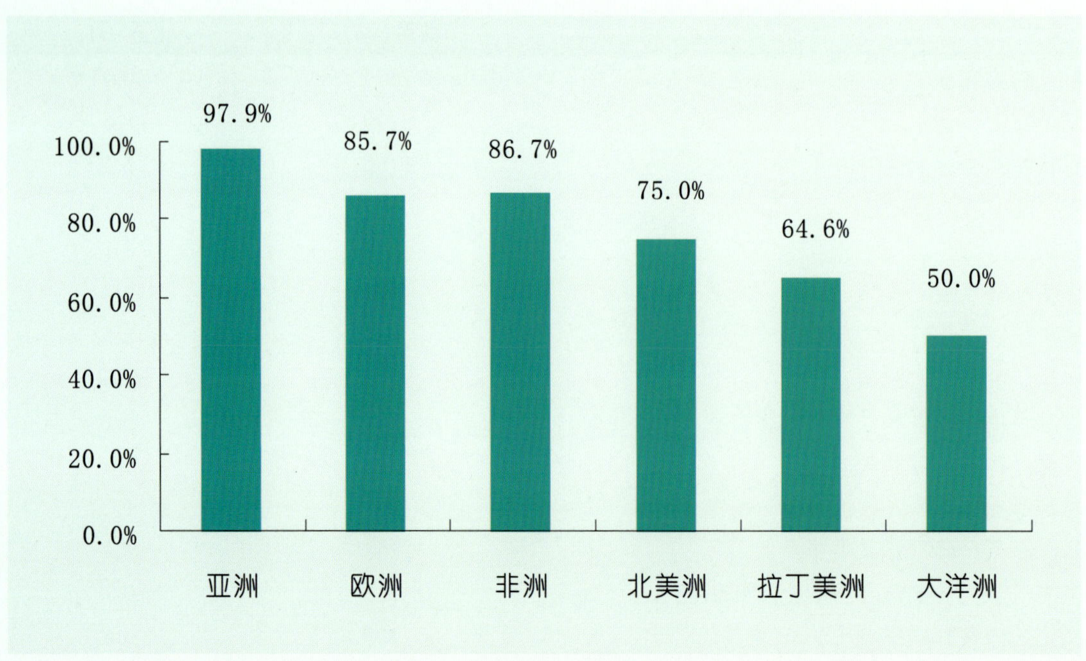

表28　2014年末中国境外企业未涉及的国家(地区)

洲别	数量	国家(地区)名称
亚洲	1	不丹
非洲	8	加那利群岛、塞卜泰、留尼汪、索马里、梅利利亚、斯威士兰、马约特、西撒哈拉
欧洲	7	安道尔、直布罗陀、冰岛、摩纳哥、梵蒂冈城国、法罗群岛、圣马力诺
拉丁美洲	17	阿鲁巴、博内尔、库腊群岛、法属圭亚那、瓜得罗普、海地、洪都拉斯、马提尼克、蒙特塞拉特、波多黎各、萨巴、圣卢西亚、圣马丁岛、特克斯和凯科斯群岛、圣其茨和尼维斯、圣皮埃尔和密克隆、荷属安地列斯
北美洲	1	格陵兰
大洋洲	12	盖比群岛、马克萨斯群岛、瑙鲁、新喀里多尼亚、诺福克岛、社会群岛、所罗门群岛、土阿莫土群岛、土布艾群岛、图瓦卢、法属波利尼西亚、瓦利斯和浮图纳
合计	**46**	

从境外企业的国家（地区）分布情况看，中国在亚洲设立的境外企业数量近1.7万家，占57.1%，主要分布在中国香港、新加坡、日本、越南、老挝、韩国、印度尼西亚、阿拉伯联合酋长国、韩国、柬埔寨、泰国、蒙古、马来西亚、印度等。在中国香港地区设立的境外企业9000多家，占到中国境外企业总数的三成，是中国设立境外企业数量最多、投资最活跃的地区。

在北美洲设立的境外企业近3800家，占12.7%，主要分布在美国、加拿大。中国企业在美国设立的境外企业数量仅次于中国香港。

在欧洲设立的境外企业超过3300家，占11.2%，主要分布在俄罗斯、德国、英国、荷兰、法国、意大利等。

在非洲设立的境外企业超过3000家，占10.6%，主要分布在尼日利亚、赞比亚、南非、埃塞俄比亚、坦桑尼亚、加纳、肯尼亚、安哥拉、苏丹、阿尔及利亚等。

在拉丁美洲设立的境外企业1500多家，占5.3%，主要分布在英属维尔京群岛、开曼群岛、巴西、墨西哥、委内瑞拉、智利、秘鲁、阿根廷等。

在大洋洲设立的境外企业900多家，占3.1%。主要分布在澳大利亚、新西兰、巴布亚新几内亚、斐济、萨摩亚等。

表29　2014年末中国境外企业各洲构成情况

洲别	境外企业数量(家)	比重(%)
亚洲	16955	57.1
北美洲	3765	12.7
欧洲	3330	11.2
非洲	3152	10.6
拉丁美洲	1578	5.3
大洋洲	919	3.1
合计	**29699**	**100.0**

2014年末，中国设立境外企业数量前20的国家地区依次为：中国香港、美国、俄罗斯、澳大利亚、新加坡、日本、德国、越南、老挝、英属维尔京、韩国、印度尼西亚、加拿大、阿拉伯联合酋长国、柬埔寨、泰国、蒙古、英国、马来西亚、尼日利亚，累计超过2.1万家，占中国在国（境）外设立企业总数的72.3%。

图24　2014年末中国境外企业各洲分布

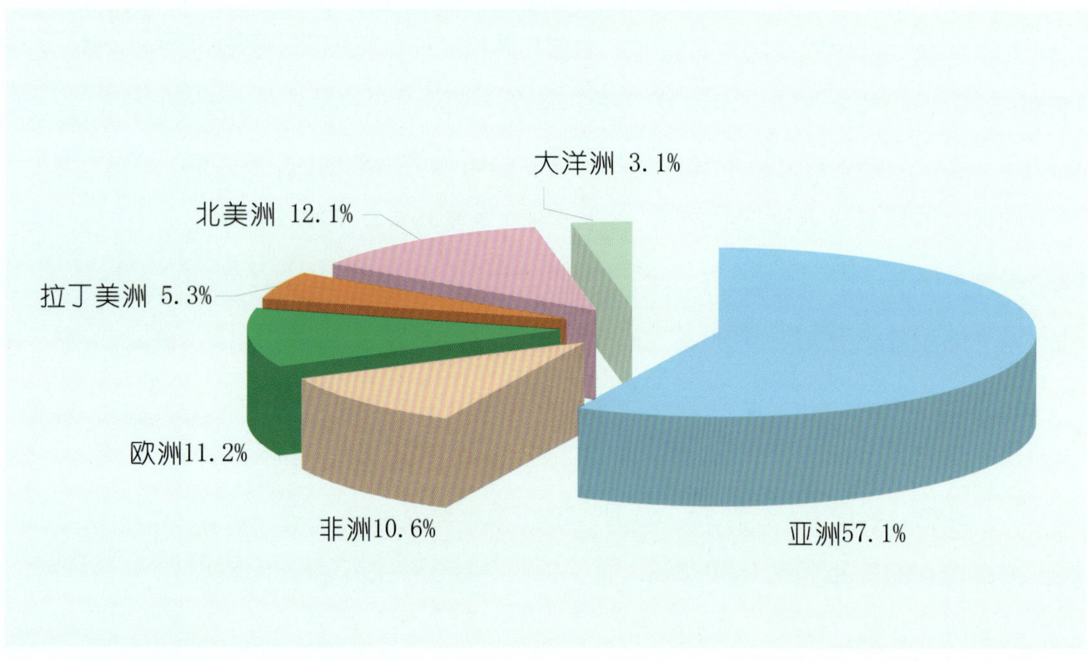

（二）行业分布

从中国境外企业分布的主要行业情况看，批发和零售业、制造业、租赁和商务服务业是境外企业最为聚集的行业，累计数量近1.88万家，占到境外企业总数63.2%。其中租赁和商务服务业近8800家，占到中国境外企业总数的29.5%；制造业6100多家，占20.6%；租赁和商务服务业近4000

家，占 13.1%。此外，建筑业占 7.3%；采矿业占 5%，农／林／牧／渔业占 4.6%；科学研究／技术服务业占 4.1%；信息传输／软件和信息技术服务业占 2.9%；交通运输／仓储和邮政业占 2.8%；居民服务／修理和其他服务业占 2.6%；金融业占 2%；房地产业占 1.9%。

表30　2014年末境外企业的行业分布情况

行业	境外企业数量（家）	比重（%）
批发和零售业	8759	29.5
制造业	6105	20.6
租赁和商务服务业	3902	13.1
建筑业	2168	7.3
采矿业	1494	5.0
农、林、牧、渔业	1356	4.6
科学研究和技术服务业	1226	4.1
信息传输、软件和信息技术服务业	856	2.9
交通运输、仓储和邮政业	838	2.8
居民服务、修理和其他服务业	764	2.6
金融业	608	2.0
房地产业	569	1.9
电力、热力、燃气及水的生产和供应业	323	1.1
住宿和餐饮业	286	1.0
文化体育和娱乐业	272	0.9
水利、环境和公共设施管理业	91	0.3
其他	82	0.3
合计	**29699**	**100.0**

（三）省市分布

从境外非金融类企业的隶属情况看，地方企业占 85%，中央企业和单位仅占 15%。广东、浙江、江苏、上海、山东、辽宁、北京、福建、天津、河南位列地方境外企业数量前 10 位，累计占境外企业总数的 66.3%。广东省是中国拥有境外企业数量最多的省份，占境外企业总数的 17.7%；其次为浙江省，占 11.1%；江苏省位列第三，占 9.1%。

图 25　2014 年末中国主要省市区设立境外直接投资企业情况

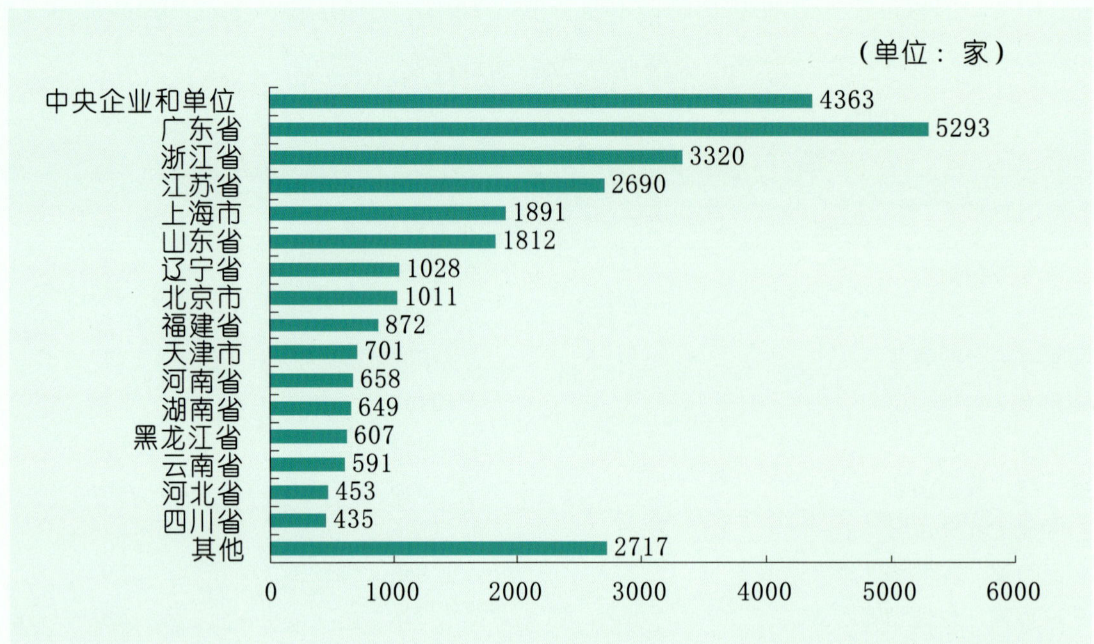

六、附 表

附表1 2006-2014各年中国对外直接投资流量情况(分国家地区)

单位：万美元

国家(地区)	2006年	2007年	2008年	2009年	2010年	2011年	2012年	2013年	2014年
合计	**1,763,397**	**2,650,609**	**5,590,717**	**5,652,899**	**6,881,131**	**7,465,404**	**8,780,353**	**10,784,371**	**12,311,986**
亚洲	**766,325**	**1,659,315**	**4,354,750**	**4,040,759**	**4,489,046**	**4,549,445**	**6,478,494**	**7,560,426**	**8,498,803**
阿富汗	25	10	11,391	1,639	191	29,554	1,761	-122	2,792
阿拉伯联合酋长国	2,812	4,915	12,738	8,890	34,883	31,458	10,511	29,458	70,534
阿曼	2,668	259	-2,295	-624	1,103	951	337	-74	1,516
巴基斯坦	-6,207	91,063	26,537	7,675	33,135	33,328	8,893	16,357	101,426
巴勒斯坦	--	--	--	--	--	--	2	2	--
巴林	-192	--	12	--	--	--	508	-534	--
朝鲜	1,106	1,840	4,123	586	1,214	5,595	10,946	8,620	5,194
东帝汶	--	--	--	--	--	--	--	160	973
菲律宾	930	450	3,369	4,024	24,409	26,719	7,490	5,440	22,495
哈萨克斯坦	4,600	27,992	49,643	6,681	3,606	58,160	299,599	81,149	-4,007
韩国	2,732	5,667	9,691	26,512	-72,168	34,172	94,240	26,875	54,887
吉尔吉斯斯坦	2,764	1,499	706	13,691	8,247	14,507	16,140	20,339	10,783
柬埔寨	981	6,445	20,464	21,583	46,651	56,602	55,966	49,933	43,827
卡塔尔	352	981	1,000	-374	1,114	3,859	8,446	8,747	3,579
科威特	406	-625	244	292	2,286	4,200	-1,188	-59	16,191
老挝	4,804	15,435	8,700	20,324	31,355	45,852	80,882	78,148	102,690
黎巴嫩	--	--	--	--	42	--	--	68	9
马尔代夫	--	--	--	--	--	--	--	155	72
马来西亚	751	-3,282	3,443	5,378	16,354	9,513	19,904	61,638	52,134
蒙古	8,239	19,627	23,861	27,654	19,386	45,104	90,403	38,879	50,261
孟加拉国	531	364	450	1,075	724	1,032	3,303	4,137	2,502
缅甸	1,264	9,231	23,253	37,670	87,561	21,782	74,896	47,533	34,313
尼泊尔	32	99	1	118	86	858	765	3,697	4,504
日本	3,949	3,903	5,862	8,410	33,799	14,942	21,065	43,405	39,445
塞浦路斯	--	30	--	--	--	8,954	348	7,634	--
沙特阿拉伯	11,720	11,796	8,839	9,023	3,648	12,256	15,367	47,882	18,430
斯里兰卡	25	-152	904	-140	2,821	8,123	1,675	7,177	8,511
塔吉克斯坦	698	6,793	2,658	1,667	1,542	2,210	23,411	7,233	10,720
台湾省	-3	-5	-6	4	1,735	1,108	11,288	17,667	18,370

附表1 续1

单位：万美元

国家(地区)	2006年	2007年	2008年	2009年	2010年	2011年	2012年	2013年	2014年
泰国	1,584	7,641	4,547	4,977	69,987	23,011	47,860	75,519	83,946
土耳其	115	161	910	29,326	782	1,350	10,895	17,855	10,497
土库曼斯坦	-4	126	8,671	11,968	45,051	-38,304	1,234	-3,243	19,515
文莱	--	118	182	581	1,653	2,011	99	852	-328
乌兹别克斯坦	107	1,315	3,937	493	-463	8,825	-2,679	4,417	18,059
新加坡	13,215	39,773	155,095	141,425	111,850	326,896	151,875	203,267	281,363
叙利亚	13	-1,126	-117	343	812	-208	-607	-805	955
也门	761	4,347	1,881	164	3,149	-912	1,407	33,125	596
伊拉克	35	36	-166	179	4,814	12,244	14,840	2,002	8,286
伊朗	6,578	1,142	-3,453	12,483	51,100	61,556	70,214	74,527	59,286
以色列	100	222	-100	--	1,050	201	1,158	189	5,258
印度	561	2,202	10,188	-2,488	4,761	18,008	27,681	14,857	31,718
印度尼西亚	5,694	9,909	17,398	22,609	20,131	59,219	136,129	156,338	127,198
约旦	-618	60	-163	11	7	18	983	77	674
越南	4,352	11,088	11,984	11,239	30,513	18,919	34,943	48,050	33,289
中国澳门	-4,251	4,731	64,338	45,634	9,604	20,288	1,660	39,477	59,610
中国香港	693,096	1,373,235	3,864,030	3,560,057	3,850,521	3,565,484	5,123,844	6,282,378	7,086,730
非洲	**51,986**	**157,431**	**549,055**	**143,887**	**211,199**	**317,314**	**251,666**	**337,064**	**320,192**
阿尔及利亚	9,893	14,592	4,225	22,876	18,600	11,434	24,588	19,130	66,571
埃及	885	2,498	1,457	13,386	5,165	6,645	11,941	2,322	16,287
埃塞俄比亚	2,395	1,328	971	7,429	5,853	7,230	12,156	10,246	11,959
安哥拉	2,239	4,119	-957	831	10,111	7,272	39,208	22,405	-44,857
贝宁	--	632	1,456	9	176	75	506	844	744
博茨瓦纳	276	187	1,406	1,844	4,385	2,186	2,110	1,019	5,295
布基纳法索	--	--	--	--	--	--	--	434	445
布隆迪	--	--	--	69	--	--	150	109	345
赤道几内亚	1,019	1,282	-486	2,088	2,208	1,247	13,884	2,241	3,313
多哥	458	270	420	891	1,177	904	2,059	2,359	699
厄立特里亚	1	45	-49	23	294	330	196	90	129
佛得角	23	9	48	--	-46	--	--	13	10
冈比亚	--	--	--	--	--	--	--	--	5
刚果(布)	1,324	250	979	2,807	3,438	681	9,880	10,994	23,860
刚果(金)	3,673	5,727	2,399	22,716	23,619	7,518	34,417	12,127	15,756
吉布提	--	100	--	340	423	566	--	200	953
几内亚	75	1,320	832	2,698	974	2,455	6,444	10,013	6,770
几内亚(比绍)	--	--	--	--	--	--	--	--	172
加纳	50	185	1,099	4,935	5,598	4,007	20,849	12,251	7,290
加蓬	553	331	3,205	1,188	2,344	193	3,069	3,210	2,556
津巴布韦	342	1,257	-72	1,124	3,380	44,003	28,747	51,753	10,118
喀麦隆	73	205	169	82	1,488	187	1,765	5,720	2,974

附表1 续2

单位：万美元

国家(地区)	2006年	2007年	2008年	2009年	2010年	2011年	2012年	2013年	2014年
科摩罗	--	--	--	--	-1	--	50	--	--
科特迪瓦	-291	174	-702	151	-502	87	361	-479	2,426
肯尼亚	18	890	2,323	2,812	10,122	6,817	7,873	23,054	27,839
莱索托	--	--	62	10	56	3	21	--	46
利比里亚	-703	--	256	112	2,989	2,109	1,200	3,034	4,011
利比亚	-851	4,226	1,054	-3,855	-1,050	4,788	-668	45	13
卢旺达	299	-41	1,288	862	1,272	969	502	-594	1,494
马达加斯加	117	1,324	6,116	4,256	3,358	2,310	843	1,551	3,676
马拉维	--	20	544	--	986	120	1,033	825	340
马里	260	672	-128	799	305	4,758	4,442	10,801	2,339
毛里求斯	1,659	1,558	3,444	1,412	2,201	41,946	5,783	6,107	4,943
毛里塔尼亚	478	-498	-65	653	577	1,969	3,087	1,527	-733
摩洛哥	178	264	688	1,642	175	911	105	774	1,144
莫桑比克	--	1,003	585	1,585	28	2,026	23,052	13,189	10,251
纳米比亚	85	91	759	1,162	551	504	2,512	705	802
南非	4,074	45,441	480,786	4,159	41,117	-1,417	-81,491	-8,919	4,209
南苏丹	--	--	--	--	--	5	780	1,149	-682
尼日尔	794	10,083	-1	3,987	19,625	5,163	-19,594	11,654	-4,461
尼日利亚	6,779	39,035	16,256	17,186	18,489	19,742	33,305	20,913	19,977
塞拉利昂	371	285	1,142	90	--	1,075	769	4,003	492
塞内加尔	--	24	360	1,104	1,896	19	447	1,044	706
塞舌尔	6	9	5	36	1,228	434	5,340	1,769	756
圣多美和普林西比	--	--	--	--	2	--	7	--	--
苏丹	5,079	6,540	-6,314	1,930	3,096	91,186	-169	14,091	17,407
坦桑尼亚	1,254	-382	1,822	2,158	2,572	5,312	11,970	15,064	16,661
突尼斯	173	-34	--	-130	-29	376	-65	706	71
乌干达	23	401	-670	129	2,650	991	979	6,060	6,050
赞比亚	8,744	11,934	21,397	11,180	7,505	29,178	29,155	29,286	42,485
乍得	161	75	947	5,121	213	-1,248	8,068	12,095	8,312
中非	--	--	--	--	2,581	248	--	130	18,224
欧洲	**59,771**	**154,043**	**87,579**	**335,272**	**676,019**	**825,108**	**703,509**	**594,853**	**1,083,791**
阿尔巴尼亚	1	--	--	--	8	--	--	56	--
阿塞拜疆	394	-115	-66	173	37	1,768	34	-443	1,683
爱尔兰	2,529	20	4,233	-95	3,288	1,693	4,888	11,702	3,711
奥地利	4	8	--	--	46	2,022	5,343	15	4,371
白俄罗斯	--	--	210	210	1,922	867	4,350	2,718	6,372
保加利亚	--	--	--	-243	1,629	5,390	5,417	2,069	2,042

附表1 续3

单位：万美元

国家(地区)	2006年	2007年	2008年	2009年	2010年	2011年	2012年	2013年	2014年
比利时	13	491	--	2,362	4,533	3,590	9,840	2,578	15,328
冰岛	--	--	--	--	-5	--	--	--	--
波兰	--	1,175	1,070	1,037	1,674	4,866	750	1,834	4,417
波斯尼亚和黑塞哥维纳	--	--	--	151	6	4	6	--	--
丹麦	-5,891	27	133	264	161	589	514	2,739	5,723
德国	7,672	23,866	18,341	17,921	41,235	51,238	79,933	91,081	143,892
俄罗斯联邦	45,211	47,761	39,523	34,822	56,772	71,581	78,462	102,225	63,356
法国	560	962	3,105	4,519	2,641	348,232	15,393	26,044	40,554
芬兰	--	1	266	111	1,804	156	136	852	1,042
格鲁吉亚	994	821	1,000	778	4,057	80	6,874	10,962	22,435
荷兰	531	10,675	9,197	10,145	6,453	16,786	44,245	23,842	102,997
捷克	910	497	1,279	1,560	211	884	1,802	1,784	246
克罗地亚	--	120	--	26	3	5	5	--	355
拉脱维亚	--	-174	--	-3	--	--	--	--	--
立陶宛	--	--	--	--	--	--	100	551	--
列支敦士登	--	28	--	7	355	--	--	--	363
卢森堡	--	419	4,213	227,049	320,719	126,500	113,301	127,521	457,837
罗马尼亚	963	680	1,198	529	1,084	30	2,541	217	4,225
马耳他	10	-10	47	22	-237	27	--	12	193
马其顿共和国	--	--	--	--	--	--	6	--	--
挪威	14	360	9	360	13,473	1,857	849	19,629	5,860
葡萄牙	--	--	--	--	--	--	515	1,494	387
瑞典	530	6,806	1,066	810	136,723	4,901	28,522	17,082	13,001
瑞士	101	121	1	2,099	2,725	1,719	864	12,826	3,364
塞尔维亚	--	--	--	--	210	21	210	1,150	1,169
斯洛伐克	--	--	--	26	46	594	219	33	4,566
乌克兰	183	565	241	3	150	77	207	1,014	472
西班牙	730	609	116	5,986	2,926	13,974	4,624	-14,575	9,235
希腊	--	3	12	--	--	43	88	190	--
匈牙利	37	863	215	821	37,010	1,161	4,140	2,567	3,402
意大利	763	810	500	4,605	1,327	22,483	11,858	3,126	11,302
英国	3,512	56,654	1,671	19,217	33,033	141,970	277,473	141,958	149,890
拉丁美洲	**846,874**	**490,241**	**367,725**	**732,790**	**1,053,827**	**1,193,582**	**616,974**	**1,435,895**	**1,054,739**
阿根廷	622	13,669	1,082	-2,282	2,723	18,515	74,325	22,141	26,992
安提瓜和巴布达	--	--	--	--	--	101	--	--	--
巴巴多斯	185	41	82	87	-211	--	81	92	-167
巴哈马	272	3,899	-5,591	100	--	--	--	--	--
巴拉圭	--	--	300	647	2,783	557	142	18	--
巴拿马	--	833	652	1,369	2,606	116	72	18,768	481
巴西	1,009	5,113	2,238	11,627	48,746	12,640	19,410	31,093	73,000

附表1 续4

单位：万美元

国家(地区)	2006年	2007年	2008年	2009年	2010年	2011年	2012年	2013年	2014年
玻利维亚	1,800	197	414	1,801	306	867	4,321	1,440	2,453
伯利兹	--	--	6	--	-8	--	--	35	35
多米尼加	--	--	6	6	--	--	--	--	--
多米尼克	--	--	--	--	--	50	--	30	--
厄瓜多尔	246	358	-942	1,790	2,206	-3,506	31,139	47,060	13,781
哥伦比亚	-336	22	676	574	694	3,325	8,351	1,793	18,310
哥斯达黎加	--	--	--	--	8	1	--	117	-19
格林纳达	--	--	12	--	--	--	--	--	--
古巴	3,037	658	556	1,293	-1,635	7,671	-557	-2,437	-2,222
圭亚那	--	6,000	--	--	2,837	20	9,884	3,500	408
洪都拉斯	--	-438	-90	--	--	--	--	--	--
开曼群岛	783,272	260,159	152,401	536,630	349,613	493,646	82,743	925,340	419,172
秘鲁	540	671	2,455	5,849	13,903	21,425	-4,937	11,460	4,507
墨西哥	-369	1,716	563	82	2,673	4,154	10,042	4,973	14,057
尼加拉瓜	--	--	--	--	--	--	--	217	101
圣文森特和格林纳丁斯	291	588	946	-946	905	--	--	--	332
苏里南	--	1,757	242	110	635	--	-3,323	2,900	-1,690
特立尼达和多巴哥	--	--	--	--	--	10	19	23	3,625
危地马拉	--	--	--	--	--	--	--	--	63
委内瑞拉	1,836	6,953	978	11,572	9,439	8,177	154,176	42,556	11,608
乌拉圭	--	48	--	498	36	36	950	967	108
牙买加	--	--	214	--	221	3,545	3,586	474	11,132
英属维尔京群岛	53,811	187,614	210,433	161,205	611,976	620,833	223,928	322,156	457,043
智利	658	383	93	778	3,371	1,399	2,622	1,179	1,629
北美洲	**25,805**	**112,571**	**36,421**	**152,193**	**262,144**	**248,132**	**488,200**	**490,101**	**920,766**
百慕大群岛	2,494	-10,259	-10,484	6	17,086	11,583	3,899	1,893	70,769
加拿大	3,477	103,257	703	61,313	114,229	55,407	79,516	100,865	90,384
美国	19,834	19,573	46,203	90,874	130,829	181,142	404,785	387,343	759,613
大洋洲	**12,636**	**77,008**	**195,187**	**247,998**	**188,896**	**331,823**	**241,510**	**366,032**	**433,695**
澳大利亚	8,760	53,159	189,215	243,643	170,170	316,529	217,298	345,798	404,911
巴布亚新几内亚	2,862	19,681	2,992	480	533	1,665	2,569	4,302	3,037
斐济	465	249	797	240	557	1,963	6,832	5,832	-3,716
库克群岛	--	--	--	--	--	--	12	17	-27
马绍尔群岛共和国	200	3,416	800	2,670	1,318	-2,743	--	-1,210	--
密克罗尼西亚联邦	--	625	-16	--	--	-289	341	46	339
帕劳共和国	--	50	752	--	50	57	--	--	51
萨摩亚	--	-12	--	63	9,893	11,773	4,759	-7,793	3,484
汤加	--	--	--	--	--	--	--	--	10
瓦努阿图	--	--	--	--	--	79	293	--	604
新西兰	349	-160	646	902	6,375	2,789	9,406	19,040	25,002

注:2006年流量为非金融类直接投资流量。

附表2 2006-2014各年末中国对外直接投资存量情况(分国家地区)

单位：万美元

国家(地区)	2006年	2007年	2008年	2009年	2010年	2011年	2012年	2013年	2014年
合计	**7,502,555**	**11,791,050**	**18,397,071**	**24,575,538**	**31,721,059**	**42,478,067**	**53,194,058**	**66,047,840**	**88,264,242**
亚洲	**4,797,804**	**7,921,793**	**13,131,699**	**18,554,720**	**22,814,597**	**30,343,470**	**36,440,706**	**44,740,828**	**60,096,561**
阿富汗	67	77	11,469	18,132	16,859	46,513	48,274	48,742	51,849
阿拉伯联合酋长国	14,463	23,431	37,599	44,029	76,429	117,450	133,678	151,457	233,345
阿曼	3,387	3,717	1,422	797	2,111	2,938	3,335	17,473	18,972
巴基斯坦*	14,824	106,819	132,799	145,809	182,801	216,299	223,361	234,309	373,682
巴勒斯坦	--	--	--	--	--	--	2	4	4
巴林	27	75	87	87	87	102	680	146	376
朝鲜*	4,555	6,713	11,863	26,152	24,010	31,261	42,236	58,551	61,157
东帝汶	45	45	45	745	745	745	745	905	1,578
菲律宾	2,185	4,304	8,673	14,259	38,734	49,427	59,314	69,238	75,994
哈萨克斯坦	27,624	60,993	140,230	151,621	159,054	285,845	625,139	695,669	754,107
韩国	94,924	121,414	85,034	121,780	63,725	158,268	308,190	196,308	277,157
吉尔吉斯斯坦	12,476	13,975	14,681	28,372	39,432	52,505	66,219	88,582	98,419
柬埔寨*	10,366	16,811	39,066	63,326	112,977	175,744	231,768	284,857	322,228
卡塔尔	848	3,979	4,979	3,628	7,705	13,018	22,066	25,402	35,387
科威特	631	51	296	588	5,087	9,286	8,284	8,939	34,591
老挝*	9,607	30,222	30,519	53,567	84,575	127,620	192,784	277,092	449,099
黎巴嫩	44	44	44	157	201	201	301	369	378
马尔代夫	--	--	--	--	--	--	--	165	237
马来西亚*	19,696	27,463	36,120	47,989	70,880	79,762	102,613	166,818	178,563
蒙古*	31,467	59,217	89,556	124,166	143,552	188,662	295,403	335,396	376,246
孟加拉*	3,966	4,330	4,814	6,030	6,758	7,668	11,725	15,868	16,024
缅甸	16,312	26,177	49,971	92,988	194,675	218,152	309,372	356,968	392,557
尼泊尔	359	866	867	1,413	1,594	2,480	3,358	7,531	13,834
日本*	22,398	55,827	50,969	69,286	110,563	136,622	161,991	189,824	254,704
塞浦路斯*	106	136	136	136	136	9,090	9,495	17,126	10,717
沙特阿拉伯	27,284	40,403	62,068	71,089	76,056	88,314	120,586	174,706	198,743
斯里兰卡	846	774	1,678	1,581	7,274	16,258	17,858	29,265	36,391
塔吉克斯坦	3,028	9,899	22,717	16,279	19,163	21,674	47,612	59,941	72,896
台湾省	20	15	9	13	1,819	2,935	13,532	34,927	59,862

附表2 续1

单位：万美元

国家(地区)	2006年	2007年	2008年	2009年	2010年	2011年	2012年	2013年	2014年
泰国*	23,267	37,862	43,716	44,788	108,000	130,726	212,693	247,243	307,947
土耳其	1,038	1,199	2,236	38,617	40,363	40,648	50,251	64,231	88,181
土库曼斯坦	16	142	8,813	20,797	65,848	27,648	28,777	25,323	44,760
文莱	190	438	651	1,737	4,566	6,613	6,635	7,212	6,955
乌兹别克斯坦	1,497	3,082	7,764	8,522	8,300	15,647	14,618	19,782	39,209
新加坡*	46,801	144,393	333,477	485,732	606,910	1,060,269	1,238,333	1,475,070	2,063,995
叙利亚	1,681	555	438	849	1,661	1,483	1,446	641	1,455
也门	6,376	10,723	14,054	14,930	18,466	19,145	22,130	54,911	55,507
伊拉克	43,618	2,245	2,079	2,258	48,345	60,591	75,432	31,706	37,584
伊朗	11,059	12,235	9,427	21,780	71,516	135,156	207,046	285,120	348,415
以色列	865	1,087	987	1,137	2,187	2,388	3,846	3,405	8,665
印度	2,583	12,014	22,202	22,127	47,980	65,738	116,910	244,698	340,721
印度尼西亚	22,551	67,948	54,333	79,906	115,044	168,791	309,804	465,665	679,350
约旦	1,106	1,195	1,032	1,054	1,263	1,281	2,254	2,343	3,098
越南	25,363	39,699	52,173	72,850	98,660	129,066	160,438	216,672	286,565
中国澳门	61,247	91,067	156,078	183,723	222,929	267,589	292,927	340,914	393,074
中国香港*	4,226,991	6,878,132	11,584,528	16,449,894	19,905,557	26,151,852	30,637,245	37,709,314	50,991,983
非洲	**255,682**	**446,183**	**780,383**	**933,227**	**1,304,212**	**1,624,432**	**2,172,971**	**2,618,577**	**3,235,007**
阿尔及利亚	24,737	39,389	50,882	75,126	93,726	105,945	130,533	149,721	245,157
埃及	10,043	13,160	13,135	28,507	33,672	40,317	45,919	51,113	65,711
埃塞俄比亚	9,560	10,888	12,645	28,344	36,806	42,679	60,655	77,184	91,462
安哥拉	3,723	7,846	6,889	19,554	35,177	40,059	124,510	163,474	121,404
贝宁	2,212	3,560	5,315	5,401	3,933	4,003	4,760	4,991	6,917
博茨瓦纳*	2,552	4,339	6,526	11,925	17,852	20,038	22,015	23,090	26,213
布基纳法索	--	--	--	--	--	--	--	434	878
布隆迪	165	165	165	464	651	720	870	979	1,324
赤道几内亚*	3,044	4,463	4,062	6,150	8,625	9,868	40,464	26,085	20,820
多哥	1,172	1,442	2,312	3,302	5,811	6,715	9,838	12,309	13,581
厄立特里亚	663	722	673	960	1,254	1,431	10,378	10,455	10,671
佛得角	165	465	513	504	458	458	1,160	1,523	1,518
冈比亚	119	119	119	119	119	119	119	119	124
刚果(布)*	6,290	6,540	7,542	11,517	13,588	14,240	50,490	69,543	98,876
刚果(金)*	3,761	10,440	13,414	39,743	63,092	70,926	97,049	109,176	216,867
吉布提	60	160	160	703	1,247	1,813	1,799	3,055	4,008
几内亚	5,463	6,997	9,637	12,932	13,641	16,843	23,467	33,858	41,907
几内亚(比绍)*	--	--	--	2,700	2,700	2,700	2,700	2,700	6,682
加纳*	809	4,187	5,802	18,504	20,200	27,015	50,527	83,484	105,669
加蓬	5,128	5,559	8,814	10,005	12,534	12,710	12,847	16,848	18,041
津巴布韦	4,615	5,915	6,001	9,975	13,454	57,644	87,467	152,083	169,558
喀麦隆	1,646	1,851	2,034	2,505	5,961	6,154	7,950	14,840	17,784

附表2 续2

单位：万美元

国家（地区）	2006年	2007年	2008年	2009年	2010年	2011年	2012年	2013年	2014年
科摩罗	405	405	405	405	404	404	454	454	454
科特迪瓦	2,504	2,818	2,116	3,765	3,299	3,467	4,004	3,500	6,429
肯尼亚*	4,623	5,513	7,836	12,036	22,158	30,883	40,273	63,590	85,371
莱索托	760	760	822	832	888	891	913	913	1,107
利比里亚	2,951	2,978	3,736	5,639	8,167	11,474	15,437	19,610	22,965
利比亚	2,857	7,083	8,158	4,269	3,219	6,778	6,519	10,882	10,894
卢旺达	771	730	2,018	2,880	4,163	5,852	6,354	7,333	11,072
马达加斯加	5,434	7,601	14,652	19,622	22,987	25,363	27,455	28,610	35,261
马拉维	96	116	659	1,454	3,240	3,007	4,930	25,382	25,762
马里	1,983	3,222	3,095	4,472	4,777	16,006	21,143	31,667	34,286
毛里求斯	5,116	11,590	23,007	24,284	28,329	60,594	70,080	84,959	57,971
毛里塔尼亚	2,012	1,514	2,476	3,129	4,588	7,471	10,615	10,828	10,095
摩洛哥	2,701	2,965	2,806	4,878	5,585	8,948	9,522	10,296	11,444
莫桑比克	1,468	3,424	4,300	7,496	7,524	9,807	33,691	50,809	65,386
纳米比亚	643	724	1,995	4,618	4,711	6,021	9,453	34,945	98,184
南非	16,762	70,237	304,862	230,686	415,298	405,973	477,507	440,040	595,402
南苏丹	--	--	--	--	--	5	1,090	2,647	1,926
尼日尔	3,299	13,453	13,650	18,420	37,936	42,957	12,533	24,187	19,808
尼日利亚	21,594	63,032	79,591	102,596	121,085	141,561	194,987	214,607	232,301
塞拉利昂	1,489	3,228	4,370	5,123	4,148	5,223	5,771	10,836	14,774
塞内加尔	415	439	1,061	2,607	4,503	4,520	10,222	8,325	13,001
塞舌尔	646	655	660	700	1,936	2,380	7,719	10,347	11,440
圣多美和普林西比	--	--	--	--	31	31	38	38	38
苏丹	49,713	57,485	52,825	56,389	61,336	152,564	123,660	150,704	174,712
坦桑尼亚	11,193	11,092	19,022	28,179	30,751	40,707	54,080	71,646	88,518
突尼斯	391	357	357	227	253	629	569	1,386	1,456
乌干达	1,467	1,868	1,198	5,856	11,368	12,621	14,110	38,376	46,410
赞比亚*	26,786	42,936	65,133	84,397	94,373	119,984	199,811	216,432	227,199
乍得	1,278	1,353	2,536	7,657	8,000	10,812	19,412	32,126	40,461
中非*	398	398	398	1,671	4,654	5,102	5,102	6,038	5,708
欧洲	**226,982**	**445,854**	**513,396**	**867,678**	**1,571,031**	**2,445,003**	**3,697,512**	**5,316,156**	**6,939,987**
阿尔巴尼亚	51	51	51	435	443	443	443	703	703
阿塞拜疆	1,092	1,019	953	1,200	1,238	3,006	3,168	3,834	5,521
爱尔兰	2,530	2,923	10,777	10,682	13,991	15,683	19,377	32,325	24,972
爱沙尼亚	126	126	126	750	750	750	350	350	350
奥地利	32	404	404	155	201	2,454	7,946	7,666	20,170
白俄罗斯	29	29	239	449	2,371	2,907	7,747	11,590	25,752
保加利亚	474	474	474	231	1,860	7,256	12,674	14,985	17,027

附表2 续3

单位：万美元

国家(地区)	2006年	2007年	2008年	2009年	2010年	2011年	2012年	2013年	2014年
比利时	267	3,398	3,330	5,691	10,101	14,050	23,069	31,501	49,347
冰岛	5	5	5	5	--	--	--	--	--
波兰	8,718	9,893	10,993	12,030	14,031	20,126	20,811	25,704	32,935
波黑	351	351	351	592	598	601	607	613	613
丹麦	3,648	3,675	3,808	4,079	4,247	4,913	5,324	8,437	20,815
德国	47,203	84,541	84,550	108,224	150,229	240,144	310,435	397,938	578,550
俄罗斯联邦	92,976	142,151	183,828	222,037	278,756	376,364	488,849	758,161	869,463
法国*	4,488	12,681	16,713	22,103	24,362	372,389	395,077	444,794	844,488
芬兰	93	94	359	904	2,725	3,100	3,403	4,255	5,899
格鲁吉亚	3,209	4,293	6,586	7,533	13,017	10,935	17,808	33,075	54,564
荷兰*	2,043	13,876	23,442	33,587	48,671	66,468	110,792	319,309	419,408
黑山	--	32	32	32	32	32	32	32	32
捷克*	1,467	1,964	3,243	4,934	5,233	6,683	20,245	20,468	24,269
克罗地亚	75	784	784	810	813	818	863	831	1,187
拉脱维亚	231	57	57	54	54	54	54	54	54
立陶宛	393	393	393	393	393	393	697	1,248	1,248
列支敦士登	--	28	28	36	391	391	391	391	1,240
卢森堡*	--	6,702	12,283	248,438	578,675	708,197	897,789	1,042,376	1,566,677
罗马尼亚	6,563	7,288	8,566	9,334	12,495	12,583	16,109	14,513	19,137
马耳他	197	187	481	503	266	337	337	349	542
马其顿	20	20	20	20	20	20	26	209	211
摩尔多瓦	78	78	78	78	78	78	211	387	387
挪威	16	375	385	1,295	14,776	16,659	18,813	477,171	522,350
葡萄牙	20	171	171	502	2,137	3,313	4,038	5,532	6,069
瑞典	2,002	14,693	15,759	11,189	147,912	153,122	240,817	273,771	301,292
瑞士	758	888	891	3,030	5,854	9,194	10,132	29,654	38,766
塞尔维亚	--	200	200	268	484	505	647	1,854	2,971
塞尔维亚和黑山	200	--	--	--	--	--	--	--	--
斯洛伐克	10	510	510	936	982	2,578	8,601	8,277	12,779
斯洛文尼亚	140	140	140	500	500	500	500	500	500
乌克兰	654	1,351	1,592	2,079	2,229	2,929	3,314	5,198	6,341
西班牙	13,672	14,285	14,501	20,523	24,776	38,931	43,725	31,571	42,453
希腊	35	38	168	168	423	463	598	11,979	12,085
匈牙利	5,365	7,817	8,875	9,741	46,570	47,535	50,741	53,235	55,635
亚美尼亚	125	125	125	132	132	132	132	751	751
意大利	7,441	12,713	13,360	19,168	22,380	44,909	57,393	60,775	71,969
英国	20,187	95,031	83,766	102,828	135,835	253,058	893,427	1,179,790	1,280,465
拉丁美洲	**1,969,437**	**2,470,091**	**3,224,015**	**3,059,548**	**4,387,564**	**5,517,175**	**6,821,163**	**8,609,593**	**10,611,113**
阿根廷	1,134	15,719	17,336	16,905	21,899	40,525	89,719	165,820	179,152
安提瓜和巴布达	125	125	125	125	125	484	544	630	630
巴巴多斯	201	242	325	600	388	313	395	497	330
巴哈马	1,752	5,651	60	160	160	160	60	60	60
巴拉圭	--	--	478	1,125	3,907	4,465	4,606	4,624	4,791
巴拿马*	3,692	5,531	6,738	8,109	23,658	33,078	19,662	47,864	20,493
巴西*	13,041	18,955	21,705	36,089	92,365	107,179	144,951	173,358	283,289

附表2 续4

单位：万美元

国家(地区)	2006年	2007年	2008年	2009年	2010年	2011年	2012年	2013年	2014年
玻利维亚	2,106	2,303	2,862	5,565	6,485	6,632	15,619	11,892	13,217
伯利兹	2	2	8	8	--	--	--	35	70
多米尼加	--	--	6	12	12	12	112	100	101
多米尼克*	70	70	70	70	415	815	815	845	315
厄瓜多尔*	3,904	4,918	8,860	10,660	12,958	9,524	40,763	100,879	94,460
哥伦比亚	570	677	1,371	2,050	2,297	5,980	34,615	36,869	54,730
哥斯达黎加	--	--	--	200	208	209	209	326	398
格林纳达	403	753	765	765	1,452	1,454	1,454	1,454	2,367
古巴*	5,991	6,649	7,205	8,532	6,898	14,637	13,569	11,134	6,255
圭亚那	860	6,860	6,950	14,961	18,317	13,513	15,188	22,518	24,757
洪都拉斯	528	90	--	--	--	--	--	--	--
开曼群岛*	1,420,919	1,681,068	2,032,745	1,357,707	1,725,627	2,169,232	3,007,200	4,232,406	4,423,672
秘鲁	13,040	13,711	19,434	28,454	65,449	80,224	75,287	86,778	90,798
墨西哥	12,861	15,144	17,308	17,390	15,287	26,388	36,848	40,987	54,121
尼加拉瓜	--	--	--	--	--	--	--	217	318
萨尔瓦多	--	--	--	--	--	--	--	--	1
圣文森特和格林纳丁斯	1,492	2,080	3,249	2,303	3,619	3,620	3,620	3,620	3,900
苏里南	3,221	6,528	6,770	6,880	7,884	7,884	4,561	11,193	9,393
特立尼达多巴哥*	80	80	80	80	80	90	109	386	102,531
危地马拉	--	--	--	--	--	--	--	--	99
委内瑞拉	7,158	14,388	15,596	27,196	41,652	50,100	204,276	236,338	249,323
乌拉圭*	163	211	211	715	751	815	1,765	2,593	21,081
牙买加	2	2	216	216	437	3,907	7,493	7,968	18,837
英属维尔京群岛*	475,040	662,654	1,047,733	1,506,069	2,324,276	2,926,141	3,085,095	3,390,298	4,932,041
智利	1,084	5,680	5,809	6,602	10,958	9,794	12,628	17,904	19,583
北美洲	**158,702**	**324,089**	**365,978**	**518,470**	**782,926**	**1,347,243**	**2,550,299**	**2,860,974**	**4,795,149**
百慕大群岛	20,843	10,584	145	17,594	35,267	75,184	337,250	51,399	215,144
加拿大	14,072	125,452	126,843	167,034	260,260	372,756	505,072	619,619	778,908
美国	123,787	188,053	238,990	333,842	487,399	899,303	1,707,977	2,189,956	3,801,097
大洋洲	**93,948**	**183,040**	**381,600**	**641,895**	**860,729**	**1,200,744**	**1,511,407**	**1,901,712**	**2,586,425**
澳大利亚	79,435	144,401	335,529	586,310	786,775	1,104,125	1,387,305	1,744,968	2,388,226
巴布亚新几内亚	6,130	25,811	28,993	31,511	32,326	34,152	36,548	42,230	46,002
斐济*	1,867	2,242	3,060	3,300	3,943	6,107	17,091	20,841	11,998
基里巴斯	--	--	--	--	--	--	--	82	82
库克群岛	--	--	--	--	--	--	12	29	7
马绍尔群岛	200	3,616	4,416	8,086	7,352	10,737	11,687	11,687	11,687
密克罗尼西亚	116	741	725	725	725	436	777	823	1,162
帕劳	--	50	850	852	902	959	959	959	1,010
萨摩亚	90	78	78	240	10,133	22,979	26,601	18,808	22,308
所罗门群岛	--	--	--	--	--	--	--	--	--
汤加	711	711	711	711	711	711	711	711	721
瓦努阿图*	273	273	273	775	1,284	1,992	2,331	6,401	6,981
新西兰	5,127	5,117	6,965	9,385	15,911	18,546	27,385	54,173	96,241
大洋洲其他国家地区	--	--	--	--	667	--	--	--	--

注：1.“*”表示该国家(地区)2013年末存量数据中包含对以往历史数据进行调整部分。
2.2006年末数据为中国非金融类对外直接投资存量数据。

附表3 2006-2014各年中国对外直接投资流量行业分布情况

单位：万美元

行业分类	2006年	2007年	2008年	2009年	2010年	2011年	2012年	2013年	2014年
A 农、林、牧、渔业	18,504	27,171	17,183	34,279	53,398	79,775	146,138	181,313	203,543
B 采矿业	853,951	406,277	582,351	1,334,309	571,486	1,444,595	1,354,380	2,480,779	1,654,939
C 制造业	90,661	212,650	176,603	224,097	466,417	704,118	866,741	719,715	958,360
D 电力、热力、燃气及水的生产和供应业	11,874	15,138	131,349	46,807	100,643	187,543	193,534	68,043	176,463
E 建筑业	3,323	32,943	73,299	36,022	162,826	164,817	324,536	436,430	339,600
F 批发和零售业	111,391	660,418	651,413	613,575	672,878	1,032,412	1,304,854	1,464,682	1,829,071
G 交通运输、仓储和邮政业	137,639	406,548	265,574	206,752	565,545	256,392	298,814	330,723	417,472
H 住宿和餐饮业	251	955	2,950	7,487	21,820	11,693	13,663	8,216	24,474
I 信息传输、软件和信息技术服务业	4,802	30,384	29,875	27,813	50,612	77,646	124,014	140,088	316,965
J 金融业	352,999	166,780	1,404,800	873,374	862,739	607,050	1,007,084	1,510,532	1,591,782
K 房地产业	38,376	90,852	33,901	93,814	161,308	197,442	201,813	395,251	660,457
L 租赁和商务服务业	452,166	560,734	2,171,723	2,047,378	3,028,070	2,559,726	2,674,080	2,705,617	3,683,059
M 科学研究和技术服务业	28,161	30,390	16,681	77,573	101,886	70,658	147,850	179,221	166,879
N 水利、环境和公共设施管理业	825	271	14,145	434	7,198	25,529	3,357	14,489	55,139
O 居民服务、修理和其他服务业	11,151	7,621	16,536	26,773	32,105	32,863	89,040	112,918	165,175
P 教育	228	892	154	245	200	2,008	10,283	3,566	1,355
Q 卫生和社会工作	18	75	--	191	3,352	639	538	1,703	15,338
R 文化、体育和娱乐业	76	510	2,180	1,976	18,648	10,498	19,634	31,085	51,915
S 公共管理、社会保障和社会组织	--	--	--	--	--	--	--	--	--
合计	**2,116,396**	**2,650,609**	**5,590,717**	**5,652,899**	**6,881,131**	**7,465,404**	**8,780,353**	**10,784,371**	**12,311,986**

附表4　2006-2014各年末中国对外直接投资存量行业分布情况

单位：万美元

行业分类	2006年	2007年	2008年	2009年	2010年	2011年	2012年	2013年	2014年
A 农、林、牧、渔业	81,670	120,605	146,762	202,844	261,208	341,664	496,443	717,912	969,179
B 采矿业	1,790,162	1,501,381	2,286,840	4,057,969	4,466,064	6,699,537	7,478,420	10,617,092	12,372,524
C 制造业	752,962	954,425	966,188	1,359,155	1,780,166	2,696,443	3,414,007	4,197,684	5,235,194
D 电力、热力、燃气及水的生产和供应业	44,554	59,539	184,676	225,561	341,068	714,056	899,210	1,119,660	1,504,089
E 建筑业	157,032	163,434	268,070	341,322	617,328	805,110	1,285,604	1,944,574	2,258,325
F 批发和零售业	1,295,520	2,023,288	2,985,866	3,569,499	4,200,645	4,909,363	6,821,188	8,764,768	10,295,680
G 交通运输、仓储和邮政业*	756,819	1,205,904	1,452,002	1,663,133	2,318,780	2,526,131	2,922,653	3,222,778	3,468,163
H 住宿和餐饮业	6,118	12,067	13,669	24,329	44,986	60,386	76,327	94,743	130,704
I 信息传输、软件和信息技术服务业	144,988	190,089	166,696	196,724	840,624	955,324	481,971	738,440	1,232,599
J 金融业	1,560,537	1,671,991	3,669,388	4,599,403	5,525,321	6,739,329	9,645,337	11,707,983	13,762,485
K 房地产业	201,858	451,386	409,814	534,343	726,642	898,616	958,141	1,542,126	2,464,903
L 租赁和商务服务业	1,946,360	3,051,503	5,458,303	7,294,900	9,724,605	14,229,002	17,569,795	19,573,354	32,244,391
M 科学研究和技术服务业	112,129	152,103	198,189	287,413	396,712	438,838	679,276	866,973	1,087,324
N 水利、环境和公共设施管理业	91,839	92,121	106,289	106,508	113,343	240,196	7,056	34,242	133,365
O 居民服务、修理和其他服务业*	117,420	129,885	71,468	96,137	322,974	161,558	358,124	768,855	904,271
P 教育	228	1,740	1,749	2,123	2,394	6,657	16,479	20,105	18,464
Q 卫生和社会工作	281	369	369	610	3,616	1,715	4,676	6,484	23,060
R 文化、体育和娱乐业*	2,614	9,220	10,733	13,565	34,583	54,142	79,351	110,067	159,522
S 公共管理、社会保障和社会组织	--	--	--	--	--	--	--	--	--
合计	**9,063,091**	**11,791,050**	**18,397,071**	**24,575,538**	**31,721,059**	**42,478,067**	**53,194,058**	**66,047,840**	**88,264,242**

注:带*行数据表示2014年末存量中包含对以往历史数据进行调整部分。

附表5 2006-2014各年中国非金融类对外直接投资流量情况(分省市区)

单位：万美元

地区	2006年	2007年	2008年	2009年	2010年	2011年	2012年	2013年	2014年
一、中央合计	**1,523,692**	**1,958,488**	**3,598,284**	**3,819,275**	**4,243,698**	**4,502,314**	**4,352,693**	**5,632,449**	**5,247,617**
二、地方合计	**239,705**	**525,341**	**587,633**	**960,250**	**1,774,542**	**2,356,036**	**3,420,576**	**3,641,489**	**5,472,587**
北京市	5,612	15,295	47,299	45,185	76,614	117,503	168,855	413,010	727,353
天津市	2,808	7,993	8,200	20,992	34,132	40,706	67,495	112,020	414,637
河北省	4,880	5,394	5,363	21,993	53,237	46,363	57,809	92,757	121,865
山西省	1,849	8,347	2,702	33,295	7,926	18,319	30,966	56,483	30,491
内蒙古自治区	2,522	4,235	6,190	15,547	8,042	12,825	51,845	40,880	110,969
辽宁省	9,701	12,833	10,600	75,786	193,566	114,384	276,260	129,499	147,902
其中：大连市	6,748	6,542	4,427	46,384	163,229	74,591	203,087	104,450	57,481
吉林省	2,948	8,322	10,673	29,814	21,340	20,493	29,641	75,240	33,310
黑龙江省	21,796	17,851	22,797	12,131	23,780	23,834	72,405	77,338	65,531
上海市	44,863	52,266	33,714	120,869	158,468	183,802	331,618	267,524	499,225
江苏省	12,403	51,899	49,384	85,061	137,119	225,383	313,050	302,001	406,983
浙江省	21,528	40,346	38,768	70,226	267,915	185,287	236,023	255,276	386,170
其中：宁波市	3,674	5,253	22,515	21,097	39,460	75,573	63,839	84,468	103,663
安徽省	3,412	5,079	6,051	5,782	81,365	53,089	71,043	91,055	38,029
福建省	9,584	36,847	16,169	36,582	53,495	53,028	85,705	95,249	105,064
其中：厦门市	90	19,099	4,159	12,389	22,881	15,276	23,400	26,463	26,523
江西省	48	1,536	2,587	2,265	9,470	18,833	37,316	38,091	73,853
山东省	12,666	18,928	47,478	70,441	189,001	247,339	345,621	426,472	391,590
其中：青岛市	2,237	4,898	1,547	10,472	46,197	23,466	91,985	102,267	121,749
河南省	763	7,036	13,128	12,075	11,864	28,251	34,117	58,971	54,692
湖北省	286	903	350	4,116	8,061	70,903	49,687	52,011	67,161
湖南省	5,921	14,088	25,446	100,568	27,477	117,628	99,499	56,970	78,449
广东省	62,997	114,101	124,251	92,298	159,977	363,350	528,821	594,288	1,089,671
其中：深圳市	45,288	92,433	76,375	41,447	60,878	113,306	336,833	300,814	598,933
广西壮族自治区	390	2,620	3,844	8,169	18,682	16,714	27,240	8,134	22,864
海南省	343	122	82	6,072	22,179	121,999	32,012	81,731	88,708
重庆市	1,691	8,713	10,448	4,747	36,109	40,125	52,960	34,655	76,676
四川省	2,831	29,120	8,107	10,740	69,097	56,341	59,509	58,447	138,223
贵州省	--	51	25	522	289	2,033	2,025	20,815	8,764
云南省	2,907	13,641	28,467	27,008	51,339	24,845	104,046	83,036	126,195
西藏自治区	--	--	--	--	29	216	2	22	385
陕西省	115	2,058	14,063	22,462	26,055	44,816	60,784	30,789	41,411
甘肃省	2,087	15,364	35,808	1,852	10,176	64,917	138,209	43,182	27,321
青海省	80	110	202	209	138	173	1,280	3,596	1,601
宁夏回族自治区	1,818	569	502	1,509	711	1,295	6,421	8,626	33,883
新疆维吾尔自治区	172	8,535	6,934	18,057	4,776	31,474	43,123	31,579	54,832
新疆生产建设兵团	684	21,139	7,999	3,877	12,111	9,768	5,189	1,742	8,780
合计	**1,763,397**	**2,483,829**	**4,185,917**	**4,779,525**	**6,018,240**	**6,858,350**	**7,773,269**	**9,273,938**	**10,720,204**

附表6　2006-2014各年末中国非金融类对外直接投资存量情况(分省市区)

单位：万美元

地区	2006年	2007年	2008年	2009年	2010年	2011年	2012年	2013年	2014年
一、中央合计	**6,162,823**	**7,944,376**	**11,974,085**	**16,014,326**	**20,178,790**	**27,246,046**	**31,142,414**	**37,850,016**	**50,958,051**
二、地方合计	**1,339,732**	**2,174,684**	**2,753,598**	**3,961,809**	**6,016,948**	**8,492,697**	**12,406,307**	**16,490,005**	**23,543,706**
北京市	91,873	159,195	251,019	375,865	480,882	603,380	757,792	1,276,456	2,848,870
天津市	15,900	25,200	32,161	58,116	96,729	138,678	211,513	359,331	923,379
河北省	32,770	38,248	52,415	88,692	137,724	195,470	238,710	349,045	453,094
山西省	18,702	27,200	18,159	53,339	63,654	83,021	106,047	153,865	170,579
内蒙古自治区	8,875	13,984	20,405	40,100	47,055	56,517	122,260	167,880	239,148
辽宁省	27,970	44,395	60,554	149,230	340,696	435,698	695,281	773,117	925,619
其中：大连市	16,344	25,539	34,888	83,094	247,520	296,903	480,316	529,818	589,730
吉林省	10,784	21,554	37,929	70,767	89,958	111,548	145,396	213,924	243,138
黑龙江省	60,171	71,144	99,353	106,235	128,044	172,792	252,993	335,010	402,167
上海市	261,273	302,538	218,611	358,937	609,433	637,473	1,395,106	1,784,361	2,548,479
江苏省	58,871	116,499	172,677	249,872	388,814	570,194	783,185	1,116,311	1,560,997
浙江省	70,268	116,259	154,716	295,923	584,528	718,913	854,864	1,098,848	1,537,359
其中：宁波市	14,834	23,510	46,039	65,048	106,430	187,524	212,067	323,064	451,785
安徽省	10,062	15,351	20,379	27,594	110,842	165,408	237,120	379,559	426,945
福建省	52,371	91,608	113,231	158,800	196,773	244,754	323,701	396,778	487,290
其中：厦门市	5,417	21,242	31,666	38,813	60,443	80,557	99,578	109,623	133,149
江西省	2,022	5,478	9,126	12,905	22,136	39,751	78,934	119,180	201,352
山东省	110,340	161,360	208,025	262,255	495,823	862,620	1,197,009	1,604,738	1,970,097
其中：青岛市	39,067	69,325	59,636	46,487	123,774	149,036	245,339	322,806	447,530
河南省	8,666	21,703	33,001	57,655	70,689	97,460	144,188	195,352	249,444
湖北省	4,031	4,972	5,600	9,992	17,794	88,351	137,579	173,318	228,305
湖南省	10,329	29,344	67,427	204,782	271,626	329,577	413,331	454,724	551,500
广东省	417,318	724,311	868,514	954,523	1,162,951	1,798,111	2,517,617	3,423,375	4,947,939
其中：深圳市	212,350	400,271	480,619	473,986	615,287	832,918	1,320,198	1,856,799	2,966,948
广西壮族自治区	4,434	9,629	13,780	30,111	52,505	68,701	86,688	106,168	147,792
海南省	1,383	4,342	4,423	11,260	33,566	165,262	332,820	343,423	375,642
重庆市	7,419	16,071	27,674	30,323	65,565	110,572	170,951	193,959	265,660
四川省	14,339	44,322	39,758	53,524	125,352	192,478	224,573	265,593	352,409
贵州省	194	445	1,866	2,229	2,035	4,952	8,746	32,708	34,178
云南省	10,329	26,113	56,996	94,784	155,504	182,914	295,805	386,567	514,204
西藏自治区	160	100	152	152	180	377	1,033	1,227	1,610
陕西省	2,864	5,667	19,299	41,518	69,786	113,806	179,387	200,287	246,511
甘肃省	8,175	24,550	59,291	61,085	71,158	133,950	268,562	315,985	320,403
青海省	283	340	492	751	890	1,304	3,149	9,062	10,132
宁夏回族自治区	2,934	2,645	3,729	3,979	4,672	5,956	11,934	19,624	49,733
新疆维吾尔自治区	8,994	14,212	38,419	51,601	68,983	103,390	145,444	174,951	234,030
新疆生产建设兵团	5,628	35,905	44,416	44,910	50,598	59,319	64,589	65,279	75,701
合计	**7,502,555**	**10,119,060**	**14,727,683**	**19,976,135**	**26,195,738**	**35,738,743**	**43,548,721**	**54,340,021**	**74,501,757**

附表7 2006-2014各年中国对欧盟直接投资流量情况

单位：万美元

国家	2006年	2007年	2008年	2009年	2010年	2011年	2012年	2013年	2014年
爱尔兰	2529	20	4233	-95	3288	1693	4888	11702	3711
奥地利	4	8	--	--	46	2022	5343	15	4371
保加利亚	--	--	--	-243	1629	5390	5417	2069	2042
比利时	13	491	--	2362	4533	3590	9840	2578	15328
波兰	--	1175	1070	1037	1674	4866	750	1834	4417
丹麦	-5891	27	133	264	161	589	514	2739	5723
德国	7672	23866	18341	17921	41235	51238	79933	91081	143892
法国	560	962	3105	4519	2641	348232	15393	26044	40554
芬兰	--	1	266	111	1804	156	136	852	1042
荷兰	531	10675	9197	10145	6453	16786	44245	23842	102997
捷克	910	497	1279	1560	211	884	1802	1784	246
克罗地亚	--	120	--	26	3	5	5	--	355
拉脱维亚	--	-174	--	-3	--	--	--	--	--
立陶宛	--	--	--	--	--	--	100	551	--
卢森堡	--	419	4213	227049	320719	126500	113301	127521	457837
罗马尼亚	963	680	1198	529	1084	30	2541	217	4225
马耳他	10	-10	47	22	-237	27	--	12	193
葡萄牙	--	--	--	--	--	--	515	1494	387
瑞典	530	6806	1066	810	136723	4901	28522	17082	13001
塞浦路斯	--	30	--	--	--	8954	348	7634	--
斯洛伐克	--	--	--	26	46	594	219	33	4566
斯洛文尼亚	--	--	--	--	--	--	--	--	--
西班牙	730	609	116	5986	2926	13974	4624	-14575	9235
希腊	--	3	12	--	--	43	88	190	--
匈牙利	37	863	215	821	37010	1161	4140	2567	3402
意大利	763	810	500	4605	1327	22483	11858	3126	11302
英国	3512	56654	1671	19217	33033	141970	277473	141958	149890
合计	**12873**	**104412**	**46662**	**296643**	**596309**	**756083**	**611990**	**452350**	**978716**

注：1.2006年为非金融类直接投资流量。
2.欧盟2012年及以前年度合计数据不包括对克罗地亚投资数据。

附表8 2006-2014各年末中国对欧盟直接投资存量情况

单位：万美元

国家	2006年	2007年	2008年	2009年	2010年	2011年	2012年	2013年	2014年
爱尔兰	2,530	2,923	10,777	10,682	13,991	15,683	19,377	32,325	24,972
爱沙尼亚	126	126	126	750	750	750	350	350	350
奥地利	32	404	404	155	201	2,454	7,946	7,666	20,170
保加利亚	474	474	474	231	1,860	7,256	12,674	14,985	17,027
比利时	267	3,398	3,330	5,691	10,101	14,050	23,069	31,501	49,347
波兰	8,718	9,893	10,993	12,030	14,031	20,126	20,811	25,704	32,935
丹麦	3,648	3,675	3,808	4,079	4,247	4,913	5,324	8,437	20,815
德国	47,203	84,541	84,550	108,224	150,229	240,144	310,435	397,938	578,550
法国	4,488	12,681	16,713	22,103	24,362	372,389	395,077	444,794	844,488
芬兰	93	94	359	904	2,725	3,100	3,403	4,255	5,899
荷兰	2,043	13,876	23,442	33,587	48,671	66,468	110,792	319,309	419,408
捷克	1,467	1,964	3,243	4,934	5,233	6,683	20,245	20,468	24,269
克罗地亚	75	784	784	810	813	818	863	831	1,187
拉脱维亚	231	57	57	54	54	54	54	54	54
立陶宛	393	393	393	393	393	393	697	1,248	1,248
卢森堡	--	6,702	12,283	248,438	578,675	708,197	897,789	1,042,376	1,566,677
罗马尼亚	6,563	7,288	8,566	9,334	12,495	12,583	16,109	14,513	19,137
马耳他	197	187	481	503	20	337	337	349	542
葡萄牙	20	171	171	502	2,137	3,313	4,038	5,532	6,069
瑞典	2,002	14,693	15,759	11,189	147,912	153,122	240,817	273,771	301,292
塞浦路斯	106	136	136	136	136	9,090	9,495	17,126	10,717
斯洛伐克	10	510	510	936	982	2,578	8,601	8,277	12,779
斯洛文尼亚	140	140	140	500	500	500	500	500	500
西班牙	13,672	14,285	14,501	20,523	24,776	38,931	43,725	31,571	42,453
希腊	35	38	168	168	423	463	598	11,979	12,085
匈牙利	5,365	7,817	8,875	9,741	46,570	47,535	50,741	53,235	55,635
意大利	7,441	12,713	13,360	19,168	22,380	44,909	57,393	60,775	71,969
英国	20,187	95,031	83,766	102,828	135,835	253,058	893,427	1,179,792	1,280,465
合计	**127,451**	**294,210**	**317,385**	**627,783**	**1,250,502**	**2,029,079**	**3,153,824**	**4,009,661**	**5,421,039**

注：1.2006年为非金融类直接投资存量。
2.欧盟2012年及以前年度合计数据不包括对克罗地亚投资数据。

附表9 2006-2014各年中国对东南亚国家联盟直接投资流量情况

单位：万美元

国家	2006年	2007年	2008年	2009年	2010年	2011年	2012年	2013年	2014年
菲律宾	930	450	3,369	4,024	24,409	26,719	7,490	5,440	22,495
柬埔寨	981	6,445	20,464	21,583	46,651	56,602	55,966	49,933	43,827
老挝	4,804	15,435	8,700	20,324	31,355	45,852	80,882	78,148	102,690
马来西亚	751	-3,282	3,443	5,378	16,354	9,513	19,904	61,638	52,134
缅甸	1,264	9,231	23,253	37,670	87,561	21,782	74,896	47,533	34,313
泰国	1,584	7,641	4,547	4,977	69,987	23,011	47,860	75,519	83,946
文莱	--	118	182	581	1,653	2,011	99	852	-328
新加坡	13,215	39,773	155,095	141,425	111,850	326,896	151,875	203,267	281,363
印度尼西亚	5,694	9,909	17,398	22,609	20,131	59,219	136,129	156,338	127,198
越南	4,352	11,088	11,984	11,239	30,513	18,919	34,943	48,050	33,289
合计	**33,575**	**96,808**	**248,435**	**269,810**	**440,464**	**590,524**	**610,044**	**726,718**	**780,927**

注：2006年为中国对东盟非金融类直接投资流量。

附表10 2006-2014各年末中国对东南亚国家联盟直接投资存量情况

单位：万美元

国家	2006年	2007年	2008年	2009年	2010年	2011年	2012年	2013年	2014年
菲律宾	2,185	4,304	8,673	14,259	38,734	49,427	59,314	69,238	75,994
柬埔寨	10,366	16,811	39,066	63,326	112,977	175,744	231,768	284,857	322,228
老挝	9,607	30,222	30,519	53,567	84,575	127,620	192,784	277,092	449,099
马来西亚	19,696	27,463	36,120	47,989	70,880	79,762	102,613	166,818	178,563
缅甸	16,312	26,177	49,971	92,988	194,675	218,152	309,372	356,968	392,557
泰国	23,267	37,862	43,716	44,788	108,000	130,726	212,693	247,243	307,947
文莱	190	438	651	1,737	4,566	6,613	6,635	7,212	6,955
新加坡	46,801	144,393	333,477	485,732	606,910	1,060,269	1,238,333	1,475,070	2,063,995
印度尼西亚	22,551	67,948	54,333	79,906	115,044	168,791	309,804	465,665	679,350
越南	25,363	39,699	52,173	72,850	98,660	129,066	160,438	216,672	286,565
合计	**176,338**	**395,317**	**648,699**	**957,142**	**1,435,021**	**2,146,170**	**2,823,754**	**3,566,835**	**4,763,253**

注：2006年为中国对东盟非金融类直接投资存量。

附表11 中国企业对"一带一路"沿线国家地区投资情况

单位：万美元

国家（地区）	2014年流量	2014年底存量
合 计	**1,365,594**	**9,246,048**
阿尔巴尼亚	—	703
阿富汗	2,792	51,849
阿拉伯联合酋长国	70,534	233,345
阿曼	1,516	18,972
阿塞拜疆	1,683	5,521
埃及	16,287	65,711
爱沙尼亚	—	350
巴基斯坦	101,426	373,682
巴勒斯坦	—	4
巴林	—	376
白俄罗斯	6,372	25,752
保加利亚	2,042	17,027
波黑	—	613
波兰	4,417	32,935
东帝汶	973	1,578
俄罗斯联邦	63,356	869,463
菲律宾	22,495	75,994
格鲁吉亚	22,435	54,564
哈萨克斯坦	-4,007	754,107
黑山	—	32
吉尔吉斯斯坦	10,783	98,419
柬埔寨	43,827	322,228
捷克	246	24,269
卡塔尔	3,579	35,387
科威特	16,191	34,591
克罗地亚	355	1,187
拉脱维亚	—	54
老挝	102,690	449,099
黎巴嫩	9	378

附表11 续1

单位：万美元

国家(地区)	2014年流量	2014年底存量
立陶宛	—	1,248
罗马尼亚	4,225	19,137
马尔代夫	72	237
马来西亚	52,134	178,563
马其顿共和国	—	211
蒙古	50,261	376,246
孟加拉	2,502	16,024
缅甸	34,313	392,557
摩尔多瓦	—	387
尼泊尔	4,504	13,834
塞尔维亚	1,169	2,971
沙特阿拉伯	18,430	198,743
斯里兰卡	8,511	36,391
斯洛伐克	4,566	12,779
斯洛文尼亚	—	500
塔吉克斯坦	10,720	72,896
泰国	83,946	307,947
土耳其	10,497	88,181
土库曼斯坦	19,515	44,760
文莱	-328	6,955
乌克兰	472	6,341
乌兹别克斯坦	18,059	39,209
新加坡	281,363	2,063,995
匈牙利	3,402	55,635
叙利亚	955	1,455
亚美尼亚	—	751
也门	596	55,507
伊拉克	8,286	37,584
伊朗	59,286	348,415
以色列	5,258	8,665
印度	31,718	340,721
印度尼西亚	127,198	679,350
约旦	674	3,098
越南	33,289	286,565

附表12 按2014年末对外直接投资存量排序中国非金融类跨国公司100强

序号	公司名称
1	中国移动通信集团公司
2	中国石油天然气集团公司
3	中国海洋石油总公司
4	中国石油化工集团公司
5	华润(集团)公司
6	中国远洋运输(集团)总公司
7	中国五矿集团公司
8	中国中化集团公司
9	中国建筑工程总公司
10	国家电网公司
11	招商局集团有限公司
12	北京控股集团有限公司
13	华为技术有限公司
14	中国铝业公司
15	中国联合网络通信集团有限公司
16	中国化工集团公司
17	中国长江三峡集团公司
18	中粮集团有限公司
19	海航集团有限公司
20	中国电力建设集团有限公司
21	中国航空集团公司
22	中国海运集团总公司
23	深业集团有限公司
24	兖州煤业股份有限公司
25	中国交通建设集团公司
26	中国冶金科工集团有限公司
27	中国电力投资集团公司
28	中国兵器工业集团公司
29	中国有色矿业集团有限公司
30	中国华能集团公司
31	中国中钢集团公司
32	广东粤海控股集团有限公司
33	中国铁道建筑总公司

附表12 续1

序号	公司名称
34	中国中信集团有限公司
35	广州越秀集团有限公司
36	中国航空工业集团公司
37	武汉钢铁（集团）公司
38	宝钢集团有限公司
39	上海吉利兆圆国际投资有限公司
40	金川集团股份有限公司
41	中兴通讯股份有限公司
42	联想控股有限公司
43	中国国际海运集装箱（集团）股份有限公司
44	中国华电集团公司
45	安徽省外经建设（集团）有限公司
46	中国电子信息产业集团有限公司
47	中国港中旅集团公司
48	中国电信集团公司
49	大连万达集团股份有限公司
50	光明食品（集团）有限公司
51	中国铁路工程总公司
52	中国外运长航集团有限公司
53	美的集团股份有限公司
54	中国广核集团有限公司
55	紫光股份有限公司
56	中国黄金集团公司
57	绿地集团有限公司
58	上海医药集团股份有限公司
59	中国大唐集团公司
60	中国重型汽车集团有限公司
61	神华集团有限责任公司
62	复星国际有限公司
63	吉林吉恩镍业股份有限公司
64	三林万业集团有限公司
65	TCL集团股份有限公司
66	中国国新控股有限责任公司

附表12 续2

序号	公司名称
67	三一重工股份有限公司
68	上海汽车集团股份有限公司
69	湖南华菱钢铁集团有限责任公司
70	中国节能环保集团公司
71	内蒙古伊泰集团有限公司
72	中联重科股份有限公司
73	中国南车集团公司
74	渤海钢铁集团有限公司
75	中国机械工业集团有限公司
76	中国航天科技集团公司
77	首钢总公司
78	海尔集团电器产业有限公司
79	南光(集团)有限公司
80	广州汽车集团股份有限公司
81	中国国电集团公司
82	万向集团公司
83	白银有色集团股份有限公司
84	广东省粤电集团有限公司
85	中国东方航空集团公司
86	北京王府井国际商业发展有限公司
87	石家庄制药集团公司
88	鞍钢集团公司
89	苏宁电器股份有限公司
90	中国保利集团公司
91	中国南方航空集团公司
92	中国诚通控股集团有限公司
93	紫金矿业集团股份有限公司
94	深圳能源集团股份有限公司
95	河北钢铁集团有限公司
96	中国中纺集团公司
97	中国建筑材料集团有限公司
98	新疆广汇石油有限公司
99	中国船舶工业集团公司
100	国家投资开发公司

附表13 按2014年末境外企业资产总额排序中国非金融类跨国公司100强

序号	公司名称
1	中国移动通信集团公司
2	中国石油化工集团公司
3	华润(集团)公司
4	中国海洋石油总公司
5	中国石油天然气集团公司
6	中国联合网络通信集团有限公司
7	中国建筑工程总公司
8	招商局集团有限公司
9	中粮集团有限公司
10	中国中化集团公司
11	中国远洋运输(集团)总公司
12	广州越秀集团有限公司
13	联想控股有限公司
14	中国五矿集团公司
15	中国铝业公司
16	深业集团有限公司
17	北京控股集团有限公司
18	国家电网公司
19	中国电力投资集团公司
20	中国中信集团有限公司
21	中国保利集团公司
22	海航集团有限公司
23	中国海运集团总公司
24	上海吉利兆圆国际投资有限公司
25	中国兵器工业集团公司
26	华为技术有限公司
27	中国交通建设集团公司
28	中国重型汽车集团有限公司
29	中国港中旅集团公司
30	中国化工集团公司
31	广东粤海控股集团有限公司
32	中国电子信息产业集团有限公司
33	中国航空工业集团公司

附表13 续1

序号	公司名称
34	兖州煤业股份有限公司
35	中国国新控股有限责任公司
36	宝钢集团有限公司
37	中国有色矿业集团有限公司
38	中国冶金科工集团有限公司
39	大连万达集团股份有限公司
40	中国华能集团公司
41	复星国际有限公司
42	中国电力建设集团有限公司
43	中兴通讯股份有限公司
44	中国国际海运集装箱(集团)股份有限公司
45	TCL集团股份有限公司
46	中国航空集团公司
47	金川集团股份有限公司
48	中国长江三峡集团公司
49	海尔集团电器产业有限公司
50	中国铁道建筑总公司
51	中国中钢集团公司
52	三林万业(上海)企业集团有限公司
53	中国广核集团有限公司
54	光明食品(集团)有限公司
55	中国华电集团公司
56	绿地集团有限公司
57	中国节能环保集团公司
58	中国国电集团公司
59	中国铁路工程总公司
60	天津物产集团有限公司
61	武汉钢铁(集团)公司
62	中国船舶重工集团公司
63	三一重工股份有限公司
64	同方股份有限公司
65	中国黄金集团公司
66	紫金矿业集团股份有限公司

附表13 续2

序号	公司名称
67	中国建筑材料集团有限公司
68	美的集团股份有限公司
69	中国外运长航集团有限公司
70	万科企业股份有限公司
71	中国船舶工业集团公司
72	中国航天科技集团公司
73	南光(集团)有限公司
74	渤海钢铁集团有限公司
75	方正集团有限公司
76	万向集团公司
77	湖南华菱钢铁集团有限责任公司
78	中国东方航空集团公司
79	西安迈科金属国际集团有限公司
80	四川长虹电器股份有限公司
81	首钢总公司
82	广东振戎能源有限公司
83	中国机械工业集团有限公司
84	青建集团股份公司
85	神华集团有限责任公司
86	吉林吉恩镍业股份有限公司
87	烟台新益投资有限公司
88	中国中纺集团公司
89	恒大集团有限公司
90	中国南车集团公司
91	海信集团有限公司
92	太原钢铁(集团)有限公司
93	中国电信集团公司
94	山东钢铁集团有限公司
95	华岳集团有限公司
96	潍柴动力股份有限公司
97	鞍钢集团公司
98	安徽省外经建设(集团)有限公司
99	中国大唐集团公司
100	江西铜业股份有限公司

附表14 按2014年境外企业销售收入排序中国非金融类跨国公司100强

序号	公司名称
1	中国石油化工集团公司
2	中国石油天然气集团公司
3	中国移动通信集团公司
4	华润(集团)公司
5	中国中化集团公司
6	中国海洋石油总公司
7	联想控股有限公司
8	中粮集团有限公司
9	中国建筑工程总公司
10	中国远洋运输(集团)总公司
11	中国兵器工业集团公司
12	中国电子信息产业集团有限公司
13	中国航空油料集团公司
14	上海吉利兆圆国际投资有限公司
15	中国化工集团公司
16	天津物产集团有限公司
17	中国有色矿业集团有限公司
18	宝钢集团有限公司
19	中国五矿集团公司
20	万向集团公司
21	TCL集团股份有限公司
22	珠海振戎公司
23	华为技术有限公司
24	北京控股集团有限公司
25	中国交通建设集团公司
26	中国港中旅集团公司
27	中国航空工业集团公司
28	金川集团股份有限公司
29	山东能源集团有限公司
30	江西铜业集团公司
31	招商局集团有限公司
32	中国中信集团有限公司
33	中兴通讯股份有限公司

附表14　续1

序号	公司名称
34	中国重型汽车集团有限公司
35	中国电力投资集团公司
36	首钢总公司
37	中国海运集团总公司
38	海尔集团电器产业有限公司
39	四川长虹电器股份有限公司
40	九三粮油工业集团有限公司
41	南光(集团)有限公司
42	深业集团有限公司
43	太原钢铁(集团)有限公司
44	山东祥光集团有限公司
45	武汉钢铁(集团)公司
46	冀中能源集团有限责任公司
47	杭州热联集团股份有限公司
48	海信集团有限公司
49	鞍钢集团公司
50	广州越秀集团有限公司
51	大冶有色金属公司
52	中国中纺集团公司
53	大连万达集团股份有限公司
54	中国工艺(集团)公司
55	中国华能集团公司
56	厦门建发股份有限公司
57	金川集团股份有限公司
58	中国铁道建筑总公司
59	国家电网公司
60	中国建筑材料集团有限公司
61	中国冶金科工集团有限公司
62	山东大海集团有限公司
63	广东省广新控股集团有限公司
64	中国中钢集团公司
65	广东粤海控股集团有限公司
66	中国节能环保集团公司

附表14 续2

序号	公司名称
67	中国铁路工程总公司
68	金龙精密铜管集团股份有限公司
69	三林万业集团有限公司
70	中国航空集团公司
71	中国电力建设集团有限公司
72	宁波杉杉股份有限公司
73	瓮福(集团)有限责任公司
74	珠海格力电器股份有限公司
75	同方股份有限公司
76	山东如意科技集团有限公司
77	云南铜业(集团)有限公司
78	烟台新益投资有限公司
79	紫光股份有限公司
80	江苏沙钢集团有限公司
81	华岳集团有限公司
82	深圳市中金岭南有色金属股份有限公司
83	中国铝业公司
84	济钢集团有限公司
85	中国通用技术集团控股有限责任公司
86	渤海钢铁集团有限公司
87	深圳光汇石油集团股份有限公司
88	广东物资集团公司
89	光明食品(集团)有限公司
90	兖州煤业股份有限公司
91	浙江海亮股份有限公司
92	中国长江三峡集团公司
93	天珑移动技术股份有限公司
94	广东东凌集团有限责任公司
95	山东京博石油化工有限公司
96	浙江恒逸集团有限公司
97	浙江华友钴业股份有限公司
98	中国中材集团有限公司
99	中地海外集团有限公司
100	北京王府井国际商业发展有限公司

附　录
对外直接投资统计制度

中华人民共和国商务部
中华人民共和国国家统计局
国　家　外　汇　管　理　局

2015 年 1 月

一、总说明

（一）为准确、及时、全面地反映我国对外直接投资的实际情况，科学、有效地组织全国对外直接投资统计工作，充分发挥统计咨询、监督作用，依照《中华人民共和国统计法》，特制定本制度。

（二）对外直接投资统计的基本任务是通过统计调查、统计分析和提供统计资料，全面、准确、及时地反映我国对外直接投资的全貌，为国家分析境外投资发展趋势，监测宏观运行，制定促进导向政策和实施监督管理，以及建立我国资本项目预警机制提供依据。

（三）本制度适用于所有发生对外直接投资活动的境内机构和个人（以下简称境内投资者）。

（四）本制度所称对外直接投资是指我国境内投资者以现金、实物、无形资产等方式在国外及港澳台地区设立、参股、兼并、收购国（境）外企业，拥有该企业10% 或以上的股权，并以拥有或控制企业的经营管理权为核心的经济活动。

（五）对外直接投资统计实行统一领导，分级管理，逐级报送。

1. 商务部根据国家统计局的统一要求，负责全国对外直接投资的统计工作，管理各省、自治区、直辖市及计划单列市商务主管部门和中央企业的对外直接投资统计工作，综合编制、汇总全国对外直接投资统计资料。

2. 国家外汇管理局（以下简称外汇局）负责全国金融业的对外直接投资统计工作，管理金融业境内投资者的对外直接投资统计工作，综合编制、汇总并向商务部提供金融领域的对外直接投资统计资料。

3. 各省级商务主管部门负责本行政区域内对外直接投资统计工作，管理本行政区域内非金融业境内投资者（不包括该行政区域内中央管理的企业，下同）的对外直接投资统计工作，综合编制、汇总并向商务部报送本行政区域内的对外直接投资统计资料。

4. 境内投资者负责管理本单位的对外直接投资统计工作，按照本制度规定的表式搜集其境外直接投资企业的统计资料，综合编制、汇总并向省级商务主管部门、商务部或外汇局报送本单位的统计资料。

（六）对外直接投资统计的范围主要包括境内投资者通过直接投资方式在境外拥有或控制10%或以上投票权或其他等价利益的各类公司型和非公司型的境外直接投资企业（以下简称境外企业）。

境外企业按设立的方式主要分为境外子公司、联营公司和分支机构。

对外直接投资统计的内容主要包括：境内投资者的基本情况；境外企业的基本情况；对外直接投资流量、存量情况；成员企业间债务工具情况；对外直接投资收入情况；通过境外企业实现的货物进出口情况；通过境外企业再投资情况；境外企业返程投资情况；境外主要作物种植情况；文化及相关产业对外投资情况；对外直接投资月度投资情况；对外投资并购情况；农业对外投资合作情况；境外经济贸易合作区情况等。

（七）对外直接投资统计的指标主要包括：对外直接投资额；对外直接投资流量；年末对外直接投资存量；反向投资额；股权；收益再投资；债务工具；资产总额；负债总额；所有者权益；实收资本；销售（营业）收入；利润总额；年末从业人数；境内投资者通过境外企业实现的出口额；境内投资者通过境外企业实现的进口额；对所在国缴纳的税金总额等。

（八）本制度采用定期填报统计报表方式，收集、整理统计资料。调查表分为年度报表和月度报表。

商务部、国家统计局和外汇局根据需要对重点统计调查项目采取典型调查方式，收集、整理统计资料，具体办法另文制定。

对外直接投资统计报表报送渠道：

1. 境内投资者为中央企业、单位的，直接向商务部报送统计报表。

2. 境内投资者为金融企业（包括银行、保险公司、证券公司、基金公司、信托公司、财务公司等）的，直接向外汇局报送统计报表。

3. 其他境内投资者向所在地省级商务主管部门报送统计报表。

4. 各省级商务主管部门汇总本行政区域内（不包括中央企业）的统计资料并上报商务部，同时抄送同级统计部门。

5. 外汇局负责收集、审核、汇总金融业境内投资者的统计资料，向商务部提供金融部分对外直接投资统计资料。

6. 商务部负责汇总全行业对外直接投资统计资料并报国家统计局，同时共享外汇局使用。

境内投资者对外直接投资涉及的所有境外企业均按1、2、3渠道报送。

（九）对外直接投资统计数据采取定期公布制度。对外投资合作业务管理中使用的以及对外提供的统计资料，以商务部、国家统计局和外汇局公布的统计资料为准。

年度统计数据由商务部、国家统计局和外汇局于次年9月30日前以统计公报形式对外公布，月度统计数据由商务部于月后30日内通过政府网站或新闻发布会形式对外公布，并自公布之日起10日内报国家统计局备案。每年1季度，商务部根据月度统计数据生成年度对外直接投资统计初步数据，同比计算基期为上年度统计初步数据。

对外公布的对外直接投资月度统计数据包括商务部根据上年度收益再投资测算的月度收益再投资，商务部根据测算比例将月度收益再投资分摊到有关行业、地区、省份等。

商务部、国家统计局和外汇局可根据对外直接投资实际情况对本年月度数据及上年度年报数据予以调整，年度最终数据以统计公报公布的数据为准。

（十）逢国家法定的节假日，统计报表的报送时间顺延。

（十一）本制度使用的国别（地区）统计代码，按海关总署制定的《国别（地区）统计代码》执行。

法人单位代码按各级技术监督部门颁发的《中华人民共和国组织机构代码证书》代码填报。

境内投资者所属行业类别按国家统计局发布的中华人民共和国《国民经济行业分类》（GB/T 4754-2011）执行，境外企业所属行业类别参照执行。

文化及相关产业分类按照国家统计局2012年发布的《文化及相关产业分类》执行。

二、统计报表目录

表号	表名	报告期别	统计范围	报送、提供单位	报送、提供日期及方式	页码
(一)综合报表						
FDI金融N1表	金融业境内投资者对外直接投资流量和存量(按国别地区分组)	年报	全部金融业境内投资者	国家外汇管理局	年后7月20日前向商务部提供，纸介质	11
FDI金融N2表	金融业境内投资者对外直接投资流量和存量(按国民经济行业分组)	年报	同上	同上	同上	12
FDI金融N3表	金融业境内投资者拥有的境外企业基本情况	年报	同上	同上	同上	13
FDI金融Y1表	金融业对外直接投资情况(按国别地区分组)	月报	同上	同上	月后15日前向商务部提供，纸介质	14
FDI金融Y2表	金融业对外直接投资情况(按国民经济行业分组)	月报	同上	同上	同上	15
(二)基层报表						
FDIN1表	境内投资者基本情况	年报	全部非金融业境内投资者	非金融业境内投资者	年后6月20日前报省级商务主管部门或商务部，网络传输	16
FDIN2表	境外企业基本情况	年报	同上	同上	同上	17
FDIN3表	对外直接投资流量、存量情况	年报	同上	同上	同上	18
FDIN4表	成员企业间债务工具情况	年报	同上	同上	同上	19
FDIN5表	对外直接投资收入情况	年报	同上	同上	同上	20
FDIN6表	境内投资者通过境外企业再投资情况	年报	同上	同上	同上	21
FDIN7表	境外企业返程投资情况	年报	同上	同上	同上	22
FDIN8表	通过境外企业实现的货物进出口情况	年报	同上	同上	同上	23
FDIN9表	境外主要作物种植情况	年报	同上	同上	同上	24
FDIN10表	文化及相关产业对外投资基本情况	年报	同上	同上	同上	25
FDIY1表	对外直接投资月度情况(按出资方式分组)	月报	同上	同上	月后10日内报省级商务主管部门或商务部，网络传输	27
FDIY2表	对外直接投资月度情况(按投资构成分组)	月报	同上	同上	同上	28
FDIY3表	对外投资并购基本事项	月报	同上	同上	同上	29
FDIY4表	农业对外投资合作情况	月报	同上	同上	同上	30
FDIY5表	境外经济贸易合作区情况	月报	同上	同上	同上	31
FDIY6表	文化及相关产业对外直接投资月度情况	月报	同上	同上	同上	32

三、调查表式（略）

四、附录（略）

五、主要概念及指标解释

1. 对外直接投资

对外直接投资是指我国企业、团体等（以下简称境内投资者）在国外及港澳台地区以现金、实物、无形资产等方式投资，并以控制国（境）外企业的经营管理权为核心的经济活动。对外直接投资的内涵主要体现在一经济体通过投资于另一经济体而实现其持久利益的目标。

2. 直接投资企业

指境内投资者直接拥有或控制10%或以上投票权（对公司型企业）或其他等价利益的境外企业。境外企业按设立方式主要分为子公司、联营公司和分支机构。

（1）子公司

境内投资者拥有该境外企业 50%以上的股东或成员表决权，并具有该境外企业行政、管理或监督机构主要成员的任命权或罢免权。

（2）联营公司：境内投资者拥有该境外企业 10 – 50%的股东或成员表决权。

（3）分支机构：即境内投资者在国（境）外的非公司型企业。

3. 成员企业：指企业间互相不持有股份，但为同一企业所影响，则这些企业称为成员企业。只要企业间存在直接或间接地有一个共同的母公司，这些企业即成为成员企业。

例如：中国 A 企业在中国香港设立直接投资企业 B, 在美国设立了境外企业 C，企业 C 和 B 互为成员企业。

4. 境外成员企业：指与境内投资者互为成员企业的境外企业。

例如：中国 A 企业在中国内地设立了 B 企业，又在英国投资了企业 C，企业 C 是中国企业 B 的境外成员企业。

5. **对外直接投资额**

指境内投资者在报告期内直接向其境外企业实现的投资，包括股权投资、收益再投资以及债务工具三部分。

金融业的对外直接投资仅包括股权投资和收益再投资。

（1）股权投资：指境内投资者在其境外分支机构投入的股本金，或在其境外子公司和联营公司的股份。

股权：等于报告年度末境外企业资产负债表中“股本”项乘以中方所占投资份额（或股权比重），当期股权的减少记作当期负流量。

新增股权：等于报告年度境外企业股本增加额乘以中方股权份额，其中包括境内投资者当年实际缴付的股本和由投资收益转增的股本。股权增加额为该企业年末、年初资产负债表“股本”项目相减之差。

（2）收益再投资：指境外子公司或联营公司未作为红利分配但应归属于境内投资者的利润部分，以及境外分支机构未汇给境内投资者的利润部分。

当期收益再投资：等于报告年度境外企业资产负债表中按中方股权比例计算的未分配利润期末数与期初数的差额，当期利润再投资为负数记入当期负流量。

收益再投资：等于报告年度境外企业资产负债表中按中方股权比例计算的未分配利润期末数，未分配利润期末数为负数不计入对外直接投资存量。

（3）债务工具：指境内投资者和境外子公司、分支机构以及联营公司之间的债务交易等，包括境内投资者与境外子公司、联营公司和分支机构的借贷款、应收和应付款项、债务证券等。境内投资者与境外成员企业间的贷款往来亦纳入此范畴。

境内投资者当期提供给境外子公司、联营公司、分支机构、境外成员企业贷款记作当期对外直接投资流量和存量的增加；境外子公司、联营公司、境外成员企业归还当期或以前年度境内投资者记作当期对外直接投资的负流量，同时应调减当期存量。

境内投资者与境外子公司、联营公司、分支机构间当期新增应收和应付款项的净值记作当期对外直接投资的流量的增加或减少；期末应收和应付款项的净值记作对外直接投资的存量的增加或减少。

6. **反向投资额**：指境外企业对境内投资者持股比例低于10%的投资。

7. **返程投资**：指境内投资者将本地资金通过各种渠道流到国（境）外，再以直接投资（控股≥10%）的形式将这些资金返回到本地经济体。

8. **当期对外直接投总额**：等于报告期境外企业新增股权加上当期收益再投资，加上对境内投资者的新增债务工具（包括贷款、应收款等）。

9. **当期对外直接投资流量**：等于当期对外直接投资总额，减去当期境外企业对境内投资者的反向投资。

10. **年末对外直接投资总额**：等于报告期境外企业资产负债表中按中方投资比例计算的股本期末数加上按中方投资比例计算的未分配利润期末数，加上期末对境内投资者的债务工具（指境内投资者对境外企业提供贷款、应收款等）。

11. **年末对外直接投资存量**：等于年末对外直接投资总额减去境外企业累计对境内投资者的反向投资。

12. **资产总额**：指企业拥有的流动资产、固定资产、无形资产、长期投资、在建工程、其他资产等用货币计量的价值总和。

13. **负债总额**：反映报告期末企业承担的能够以货币计量、需要以资产或者劳务偿付的债务，包括流动负债、长期负债和其他负债。

14. **所有者权益**：指所有者在企业资产中享有的经济利益（按股比计算），其金额为资产减去负债后的余额，包括实收资本（或者股本）、资本公积、盈余公积和未分配利润等。

15. **实收资本**：指投资者按照企业章程，或合同、协议的约定，实际投入企业的资本。

16. **销售（营业）收入**：指企业在销售商品或提供劳务等经营业务中实现的营业收入，包括主营业务收入和其他业务收入。

17. **利润总额**：是企业在报告期的经营成果，包括营业利润、投资净收益和营业外收支净额。

18. **年末从业人员数**：指报告年度末在境（内）外企业从事一定的劳动并取得劳动报酬或其他形式劳动报酬的全部人员数。

境外企业与中国境内有对外劳务合作经营资质的企业签订用工合同的相关从业人员不纳入境外企业年末从业人员统计。

19. **通过境外企业实现的货物出口总值**：指通过境外企业在报告年度内出口的各种货物价值的总和。

20. **通过境外企业实现的货物进口总值**：指通过境外企业在报告年度内进口的各种货物价值的总和。

21. **对所在国上缴税金总额**：指境外企业按照投资所在国家或者地区的法律规定实际缴纳的各项税金之和。

22. **对外直接投资收入**：是境内投资者对外直接投资回报的一部分，包括权益投资所得加上境内投资者与对外直接投资企业间的债务收入。

23. **权益收入**：即境内投资者投资境外企业股权部分的回报，是境内投资者在境外企业当期所得的占比（基于股权比例），包括红利和再投资收益。

24. **债务收入**：即来源于境内投资者与境外企业及境外成员企业间贷款、贸易信贷和其他债务形式的利息收入。

25. **并购**：是兼并和收购的总称。兼并指境内投资者（或通过其直接投资设立的境外企业）在国（境）外合并其他境外独立企业的行为。收购指境内投资者（或通过其直接投资设立的境外企业）在国（境）外用现金或者有价证券等方式购买境外实体企业（包括项目）的股票或者资产，以获得对该企业（或项目）的全部资产或者某项资产的所有权，或对该企业的控制权。

并购事项的统计界定：

（1）境内投资者直接与卖方签订并购境外实体企业（或项目）协议以及实施并购的行为活动纳入并购事项统计。

（2）境内投资者通过其境外企业与卖方签订并购企业（或项目）协议以及实施并购的行为活动纳入并购事项统计。

（3）境内投资者之间的境外企业股权转让不纳入并购事项统计。

上述（1）中所涉及并购企业（或项目）的最终控股比例不得小于10%；（2）中所涉及并购事项不受最终控股比例限制。

26. **实际交易额**：指根据收购协议境内投资者（或其境外企业）实际支付给卖方的各种资金总和。

27. **月末从业人员数**：指报告期末从事一定的劳动并取得劳动报酬的全部人员数量。

28. **农业对外投资合作**：指境内投资者通过直接投资或再投资方式拥有、控制国（境）外农业类境外企业或项目的活动。

29. **自有资金**：是指境内投资者（或境外企业）为进行生产经营活动所经常持有，可以自行支配使用并毋须偿还的那部分资金。

30. **文化及相关产业**：依据国家统计局《文化及相关产业分类（2012）》，指为社会公众提供文化产品和文化相关产品的生产活动的集合。具体范围包括：（1）以文化为核心内容，为直接满足人们的精神需要而进行的创作、制造、传播、展示等文化产品（包括货物和服务）的生产活动；（2）为实现文化产品生产所必需的辅助生产活动；（3）作为文化产品实物载体或制作（使用、传播、展示）工具的文化用品的生产活动（包括制造和销售）；（4）为实现文化产品生产所需专用设备的生产活动（包括制造和销售）。

31. 统计原则的界定

（1）国家（地区）的统计界定

对外直接投资的国家（地区）按首个投资目的国家（地区）进行统计。如果直接投资的首个流入国家（地区）是英属维尔京、开曼群岛、百慕大群岛，需将下一个实体境外企业（有雇员、办公室）存在的国家（地区）作为直接投资的国家（地区）进行统计，但当下属实体企业是中国大陆企业时，应将英属维尔京、开曼群岛、百慕大群岛作为首个投资目的国家（地区）进行统计。

（2）境内投资者与境外企业的行业分类的界定

境内投资者根据中华人民共和国《国民经济行业分类》(GB/T 4754-2011，见附录一)，按销售收入份额最大的产品的所属行业确定其行业类别。

境外企业分类参照中华人民共和国《国民经济行业分类》(GB/T 4754-2011) 执行。

（3）货币转换和计价原则

境内投资者调查表 (FDIN1 表)，填报的内容以人民币为货币单位；其余报表的金额单位均以美元作为统一货币单位。以非美元计价的，须按照国家外汇管理局制定的《各种货币对美元内部统一折算率表》规定的折算率折合为美元。

经营活动有关指标（如：营业收入、出口总值、进口总值等）按实际交易价即以市场价值作为计价基础；资产、负债、权益等存量指标按帐面价值计算。

（4）报告年份的界定

本制度各项统计报表数据均按日历年度上报；以财政年度反映的境外企业的数据须调整为日历年度或按最近一期财政年度报表的数据填报，并在报表中加以说明。

（5）分支机构的统计界定

境内投资者在国（境）外设立的机构有下列情形之一的，纳入对外直接投资分支机构统计范畴：

A: 有独立财务帐户并在当地有登记。

B: 在当地拥有土地、建筑物等不可移动资产所有权（不包括本国政府在当地拥有的土地和建筑如大使馆、领事馆、军事基地、科研设施、信息或移民部门、援助机构等）。

C: 境内投资者直接承担国（境）外工程项目建设，在项目所在国设立一年以上的办公室（注册或非注册）并存在完整、独立的活动帐户。

如境内投资者在国（境）外承担的水坝、电站、桥梁等大型工程建设项目，大多数情况下，由未在当地登记的办公室（经理办、代表处、项目部）实施和管理项目，已构成生产经营属性，属于国际标准意义的直接投资活动。

D: 拥有移动设备（如船舶、航空器、天然气和石油钻探设备、铁路车辆等）并经营至少一年。

（6）其他统计界定

A. 凡境内投资者在境外企业中拥有或控制 10% 或以上的投票权（对公司型企业）或其他等价利

益（对非公司型企业）的投资，均计入对外直接投资统计。

B. 子公司获得由境内直接投资者担保的借款，不计入对外直接投资统计。

C. 参加国际组织的投资不计入对外直接投资统计。

D. 以提供技术并收取管理费的跨境服务不计入对外直接投资统计。

E. 境外企业若被其他国家企业收（并）购，记作境内投资者对外直接投资的减少。

F. 若境外企业中有多家境内投资者，且均拥有10%以上的股份，可作为上报单位分别报送按股权比例计算的相应指标。

G. 境外企业对境内投资者投资控股比例大于或等于10%不计入反向投资。

H. 报告年度通过追加投资等方式达到控制企业10%或以上的投票权的境外企业纳入报告年度的对外直接投资统计，追加投资金额记作当期的对外直接投资的增加，期末对外直接投资存量按其持股比例计算的所有者权益部分计算。

I、境内投资者之间以股权置换的方式获得境外企业10%以上股权记入当期对外直接投资的增加，由于股权置换而丧失或减少境外企业股权，记入当期对外直接投资的减少。

J、境内银行（或存款公司）放在其境外支行或子公司内的存款不属于直接投资。

K、境内银行（或存款公司）通过境外支行或子公司吸收的存款不属于直接投资。

L、境内保险公司在境外设立的保险公司的技术储备（即：为防范现有风险的实际储备，提前支付的保费，赢利保险业务储备，以及未决索赔的准备金）不属于直接投资。

2014 Statistical Bulletin of China's Outward Foreign Direct Investment

Ministry of Commerce of the People's Republic of China
National Bureau of Statistics of the People's Republic of China
State Administration of Foreign Exchange

Contents

2014 Statistical Bulletin of China's Outward Foreign Direct Investment

1. Overview of China's Outward FDI in 2014

2.The Flows and Stock of China's Outward FDI

3. China's Outward FDI to World's Major Economies

4. Structure of China's Outward Foreign Direct Investors

5. Geographical and Industrial Distribution of China's FDI Enterprises

6. Statistics on China's Outward FDI

Table 1 China's Outward FDI Flows by Country and Region, 2006-2014

Table 2 China's Outward FDI Stock by Country and Region, 2006-2014

Table 3 Distribution Of China's Outward FDI Flows by Industry, 2006-2014

Table 4 Distribution Of China's Outward FDI Stock by Industry, 2006-2014

Table 5 China's Outward FDI Flows by Province, 2006-2014 (Non-Financial Part)

Table 6 China's Outward FDI Stock by Province, 2006-2014 (Non-Financial Part)

Table 7 China's Outward FDI Flows Into EU Countries, 2006-2014

Table 8 China's Outward FDI Stock Into EU Countries, 2006-2014

Table 9 China's Outward FDI Flows In ASEAN Countries,2006-2014

Table 10 China's Outward FDI Stocks In ASEAN Countries,2006-2014

Table 11 China's Outward FDI in Countries along the Belt and Road , 2014

Table 12 The Top 100 Non-Financial Chinese TNCs Ranked by Outward FDI Stock, 2014

Table 13 The Top 100 Non-Financial Chinese TNCs Ranked by Foreign Assets, 2014

Table 14 The Top 100 Non-Financial Chinese TNCs Ranked by Foreign Revenues, 2014

2014 Statistical Bulletin of China's Outward Foreign Direct Investment

2014 saw another episode of difficult and complicated recovery of global economy with a decline in global foreign direct investment. Facing the complex and volatile international situation, the Chinese government proactively promoted the establishment of "The Belt and Road Initiative", and continuously sped up the facilitation to outward foreign investment, increasing the inner motivation of Chinese enterprises to "go global". In 2014, with its outward foreign direct investment (FDI) reaching a historical record of $123.12 billion, China achieved the balance between outward and inward direct investment for the first time.

1. Overview of China's Outward FDI in 2014

1.1 China's outward FDI net flows (hereinafter referred to as 'flows') in 2014 reached $123.12 billion, increased by 14.2% compared to previous year. Among the flows, $55.73 billion was incremental equity investment, $44.4 billion was reinvested earnings and $22.99 billion was debt instrument investment, accounting for 45.3%, 36.1% and 18.6% of the total respectively.

By the end of 2014, 18,500 [①] Chinese domestic investors had established 29,700 FDI enterprises [②] (hereinafter referred to as 'overseas enterprises') in 186 countries (regions) globally [③]. The total assets of overseas enterprises had been $3.1 trillion. The accumulated outward FDI net stock

① 18,500 domestic investing entities refers to the quantity of domestic first-class investment entities (parent companies) .

② FDI enterprises refers to foreign enterprises that directly owned or have 10% voting rights or equivalents controlled by domestic investors

③ FDI countries (regions) is accounted as the first countries (regions) invested by domestic investors.

(hereinafter referred to as 'stock') had reached $882.64 billion. Among the stock, $356.9 billion had been equity investment, $383.93 billion had been reinvestment of earnings and $141.81 had been debt instrument investment, accounting for 40.4%, 43.5% and 16.1% of the total respectively.

Chart 1 Structure of China's Outward FDI Flows and Stock, 2014

(Billions of Dollars)

Category	Flows			Stock	
	Amount	Year-on-Year Growth Rate (%)	Share (%)	Amount	Share (%)
Financial Sector	15.92	5.4	12.9	137.62	15.6
Non-financial Sector	107.20	15.6	87.1	745.02	84.4
Total	**123.12**	**14.2**	**100.0**	**882.64**	**100.0**

Note: 1. Financial sector refers to domestic investors' outward FDI in foreign financial sector, and non-financial sector refers to domestic investors' outward FDI in foreign non-financial sector.
2. Data on flows in non-financial sector and that in MOFCOM 2014 Express ($102.89 billion) mainly differed in the reinvested earnings.

The World Investment Report 2015 by UNCTAD showed that, global FDI outflows reached $1.35 trillion in 2014, and the stock had accumulated to $25.87 trillion by the end of 2014. Based on this report, China's outward FDI flows and stock in 2014 accounted for a share of 9.1% and 3.4% globally. China has ranked 3rd among all countries (regions) in terms of outward FDI flows for three consecutive years, with an increase of 1.5 percentage points, and 8th in terms of stock, compared to 11th in the previous year.

Figure 1 Outward FDI Flows of China and Other Major Countries (Regions),2014

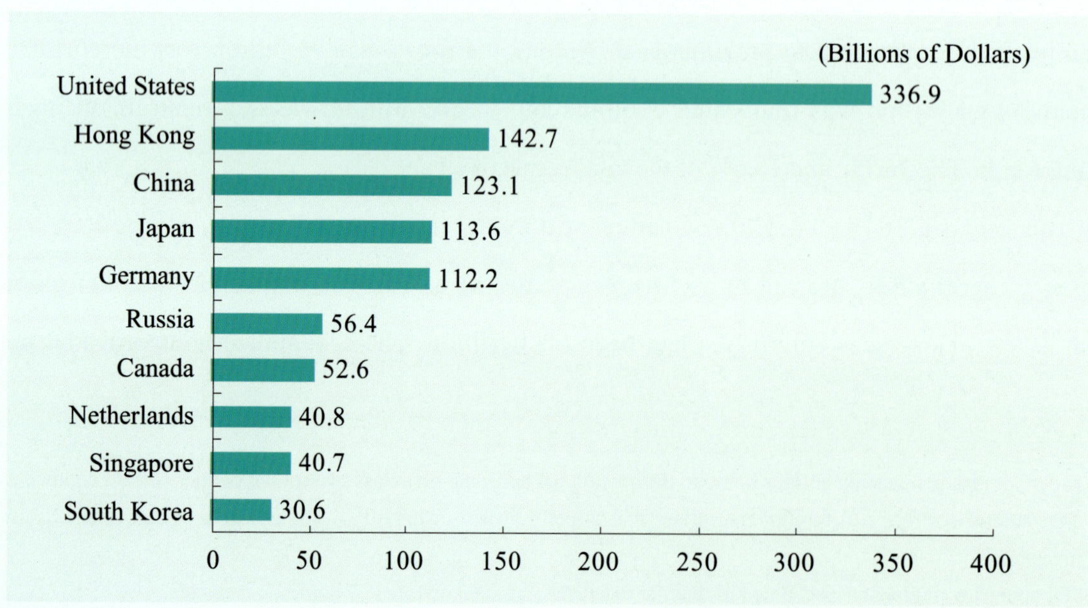

Figure 2 Outward FDI Stock of China and Other Major Countries (Regions),2014

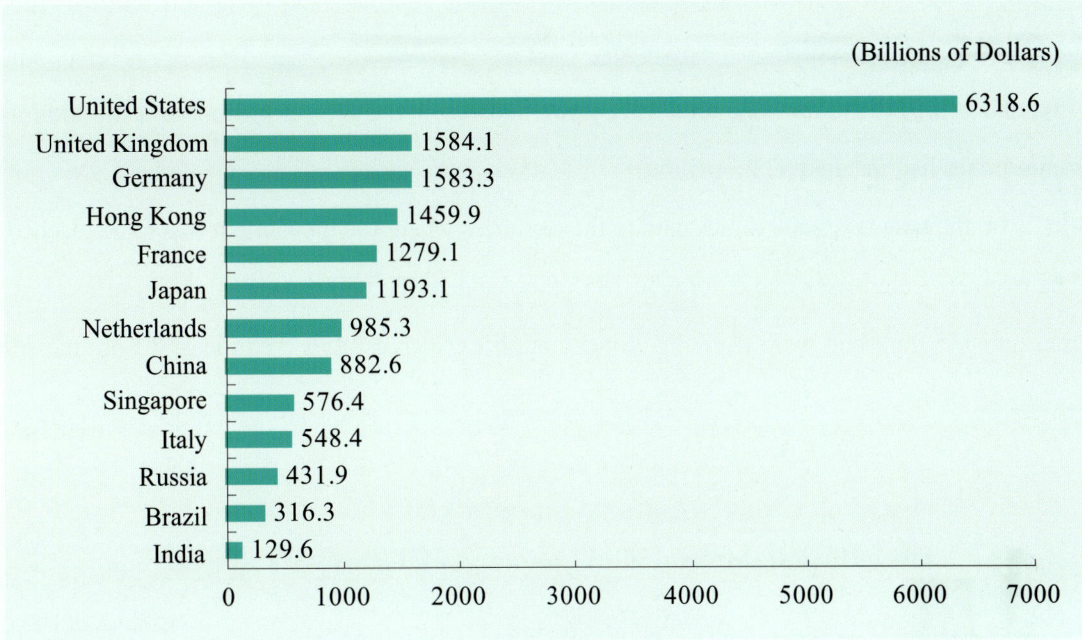

Note: Data about China's outward FDI in 2014 is based on MOFCOM statistics, and data about other countries (regions) is based on World Investment Report 2015 by UNCTAD.

1.2 In 2014, China's financial outward FDI flows reached \$15.92 billion, with a year-on-year growth rate of 5.4%. Among the flows \$7.42 billion went to the monetary financial services sector (the former banking industry), taking up a share of 46.6%.

By the end of 2014, the financial outward FDI had reached \$137.62 billion, among which \$84.8 billion had gone to the monetary financial services category, \$9.95 billion had gone to insurance industry; \$6.15 billion had gone to capital market services (the former securities industry) and \$36.72 billion had fallen under other financial industries, accounting for 61.6%, 7.2%, 4.5% and 26.7% of the total, respectively.

By the end of 2014, China's state-owned commercial banks [4] had established 72 branch offices, 51 affiliated institutions in 38 countries and regions including the United States, Japan and the United Kingdom. These overseas enterprises had employed 44,000 staffs, 42,000 of whom had been of foreign nationalities, taking up a share of 95.5%. By the end of 2014, China had established 7 overseas insurance agencies.

1.3 The non-financial outward FDI flows reached \$107.2 billion in 2014, with a year-on-year increase of 15.6%. The sales income of overseas enterprises increased 10% to \$1569.2 billion. Domestic investors

④ China's state-owned Banks include Bank of China, Agricultural Bank of China, Industrial and Commercial Bank of China, China Construction Bank and Bank of Communications.

achieved a total of $448.1 billion exports and imports through overseas enterprises, with a year-on-year increase of 7.5%. The imports amounted to $337.9 billion and the exports amounted to $110.2 billion, with annual growth rates of 9.8% and 1.2% respectively.

By the end of 2014, the non-financial FDI stock had reached $745.02 billion, and the total assets of overseas enterprises had reached $2.25 trillion.

1.4 In 2014, the total taxes and duties paid to the countries where the investment was to be reached $19.15 billion. The overseas enterprises had employed 1855 thousand staffs, 833 thousand of whom were of foreign nationalities and 135 thousand were from developed countries, increased by 33 thousand from the end of the previous year.

Chart 2 China's Annual Outward FDI Flows and Stock since the Establishment of Outward FDI Statistics System

(Billions of USD)

Year	Flows			Stock	
	Amount	Global Ranking	Year-on-Year Growth Rate(%)	Amount	Global Ranking
2002	2.70	26	—	29.90	25
2003	2.90	21	5.6	33.20	25
2004	5.50	20	93.0	44.80	27
2005	12.26	17	122.9	57.20	24
2006	21.16	13	43.8	90.63	23
2007	26.51	17	25.3	117.91	22
2008	55.91	12	110.9	183.97	18
2009	56.53	5	1.1	245.75	16
2010	68.81	5	21.7	317.21	17
2011	74.65	6	8.5	424.78	13
2012	87.80	3	17.6	531.94	13
2013	107.84	3	22.8	660.48	11
2014	123.12	3	14.2	882.64	8

Note: 1. Data for 2002-2005 includes only non-financial outward FDI, and data for 2006-2012 includes outward FDI in all industries.

2. Annual growth rate for 2006 refers to that of non-financial outward FDI.

2.The Flows and Stock of China's Outward FDI

2.1 Characteristics of China's Outward FDI Flows in 2014

2.1.1 The flows grew rapidly, and its scale approached China's inward FDI for the first time.

2014 witnessed an increasing divergence in developed economies, the slowing-down growth of developing economies, and a 16% decrease in the global FDI. China's outward FDI, however, increased against the trend and achieved a historical high of $123.12 billion, with a year-on-year growth rate of 14.2%, making China the 3rd largest outward investors in the world for three consecutive years. Meanwhile, China's inward FDI grew steadily with further increase in quality. China's actual use of foreign investment was $128.5 billion in 2014, ranked 1st in the world for the first time. China's outward foreign direct investment (ODI) was only $5.38 billion short from its foreign direct investment (FDI), achieving the balance between outward and inward investment for the first time. Since authority in China released the annual data in 2003, China's outward FDI had continuously increased for 12 years, with the flows in 2014 45.6 times to flows in 2002, and an average annual growth rate of 37.5% between 2002 and 2014.

Figure 3 ODI and FDI Comparison in China, 2009-2014

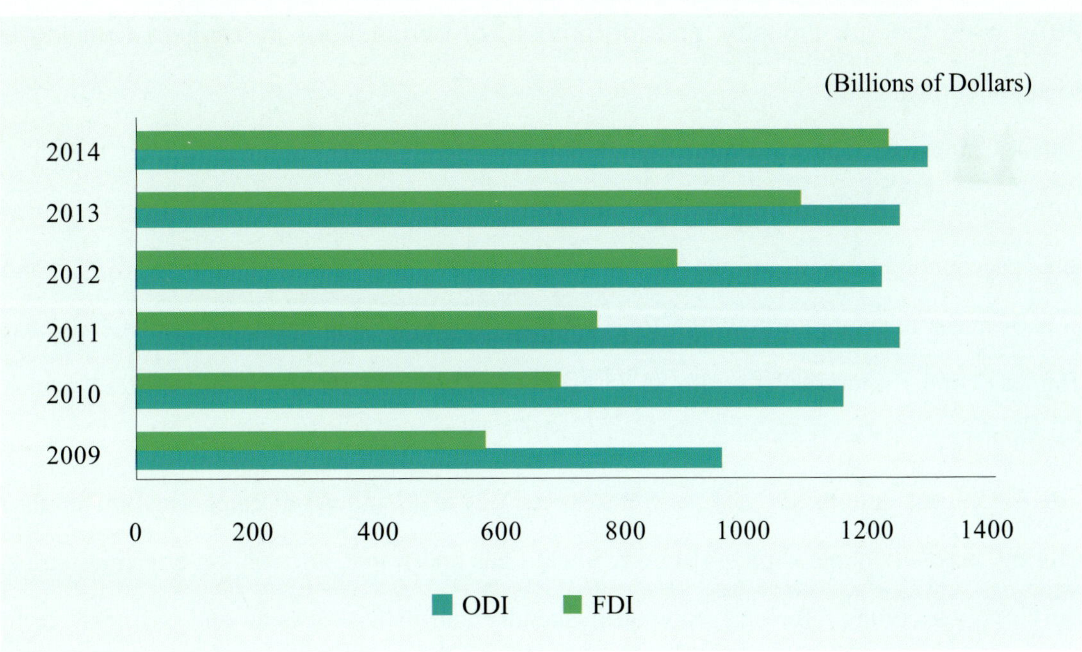

Note: Data about China's FDI from 2009 to 2014 is based on World Investment Report 2015 by UNCTAD.

Figure 4 Outward FDI Flows of China, 2002-2014

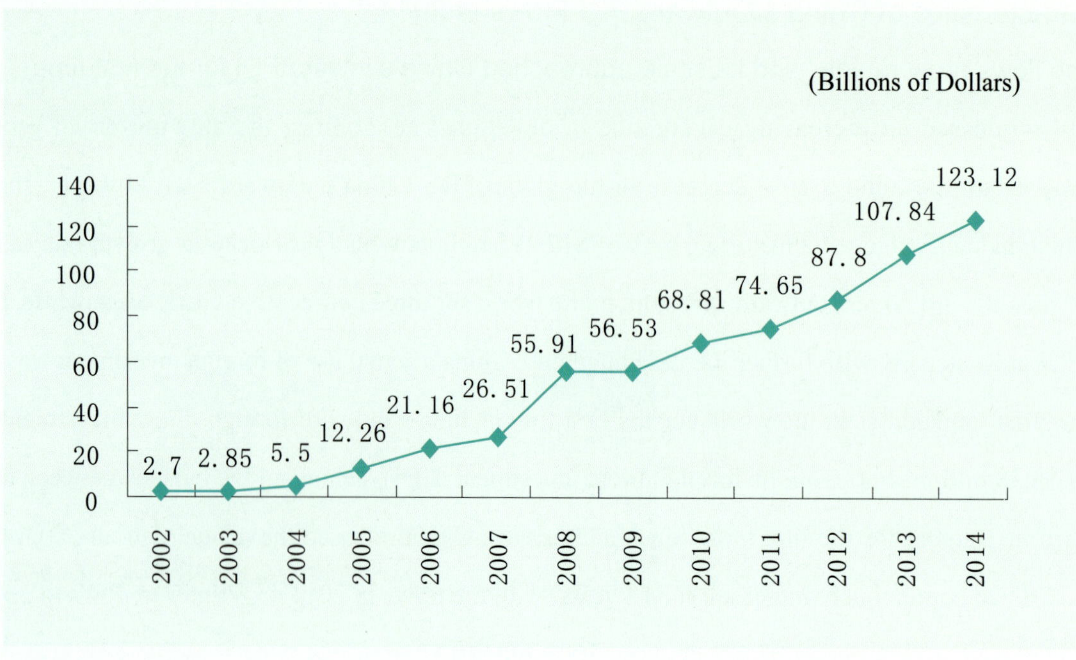

Note: Data for 2002-2014 is based on MOFCOM statistics.

2.1.2 M&As were the star industry, and the amount of transactions in traditional mining industry declined significantly.

In 2014, Chinese enterprises conducted 595 outward M&As in 69 countries (regions), with an actual transaction amount of $56.9 billion. Among the actual transaction amount, $32.48 billion was direct investment⑤, accounting for 57.1% of the M&As amount and 26.4% of China's total outward FDI, and $24.42 billion was overseas financing, accounting for 42.9% of the M&As amount. China Minmetals' acquisition of Las Bambas copper mine in Peru with $5.85 billion has been the largest overseas M&A from Chinese enterprises in 2014.

In 2014, Chinese enterprises' M&As were carried out in 17 industrial categories, including mining, manufacturing, production and supply of power / heat / gas and water, information transmission / software and IT services, agriculture / forestry / animal husbandry and fishery, leasing and business services, and wholesale and retail trade, etc. Although the M&As amount in mining was still the highest, it declined

⑤ Direct investment refers to domestic investors' or their overseas enterprises' M&As, which are financed by domestic investor's own funds and domestic bank loans (excluding loans guaranteed by domestic investors. Such direct investment is brought into outward FDI statistics account.)

greatly from $34.23 billion to $17.91 billion due to the continuous depression of global commodity market, with a year-on-year fall rate of 47.7%. The star industries in China's M&As during 2014 were manufacturing, production and supply of power / heat / gas and water, and agriculture / forestry / animal husbandry and fishery. In manufacturing, there were 167 M&As with the amount of $11.88 billion, with year-on-year growth rate of 29.5% and 16.2%, respectively; Lenovo's acquisition of mobile department of Motorola and server department of IMBX86 and Dongfeng Motor Corporation's acquisition of 14.1% stake in French PSA Peugeot Citroen Group were both single acquisition above $1 billion. In production and supply of power / heat / gas and water, there were 18 M&As with the amount of $9.31 billion (26.6 times the amount last year). State Grid Corporation of China's acquisition of 35% stake in Cassa Depositi e Prestiti in Italy with the amount of $2.63 billion was the largest M&As in this industry in 2014; In agriculture / forestry / animal husbandry and fishery, there were 43 M&As with the amount of $3.56 billion (6 times the amount last year). COFCO's acquisition of 51% stake in Noble Group with $1.5 billion was the largest outward M&As related to agriculture in China so far.

Chart 3 Industrial Distributions of China's M&As, 2014

(Billions of Dollars)

Industry	QTY	Actual Transaction Amount	Share (%)
Mining	40	17.91	31.4
Manufacturing	167	11.88	20.9
Production and Supply of Electricity / Heat / Gas and Water	18	9.31	16.4
Information Transmission / Software and IT Services	36	3.57	6.3
Agriculture / Forestry / Animal Husbandry and Fishery	43	3.56	6.3
Leasing and Business Services	58	2.53	4.4
Finance	10	2.08	3.7
Transport / Storage and Postal Service	16	1.77	3.1
Wholesale and Retail Trade	117	1.51	2.7
Real Estate	16	0.86	1.5
Accommodation and Catering	12	0.80	1.4
Scientific Research and Technical Services	26	0.58	1.0
Resident Services / Repair and Other Services	13	0.36	0.6
Culture / Sports and Entertainment	11	0.10	0.2
Construction	7	0.06	0.1
Health and Social Activity	3	0.02	—
Education	2	0.01	—
Total	**595**	**56.90**	**100.0**

In 2014, Chinese enterprises' M&As were carried out in 69 countries (regions). Top 10 countries (regions) in terms of actual transaction amount were Peru, the United States, Hong Kong, Australia, Canada, Italy, Cayman Islands, Germany, France and The Netherlands.

Figure 5 Top 10 Countries (Regions) in Chinese Enterprises' M&As ,2014

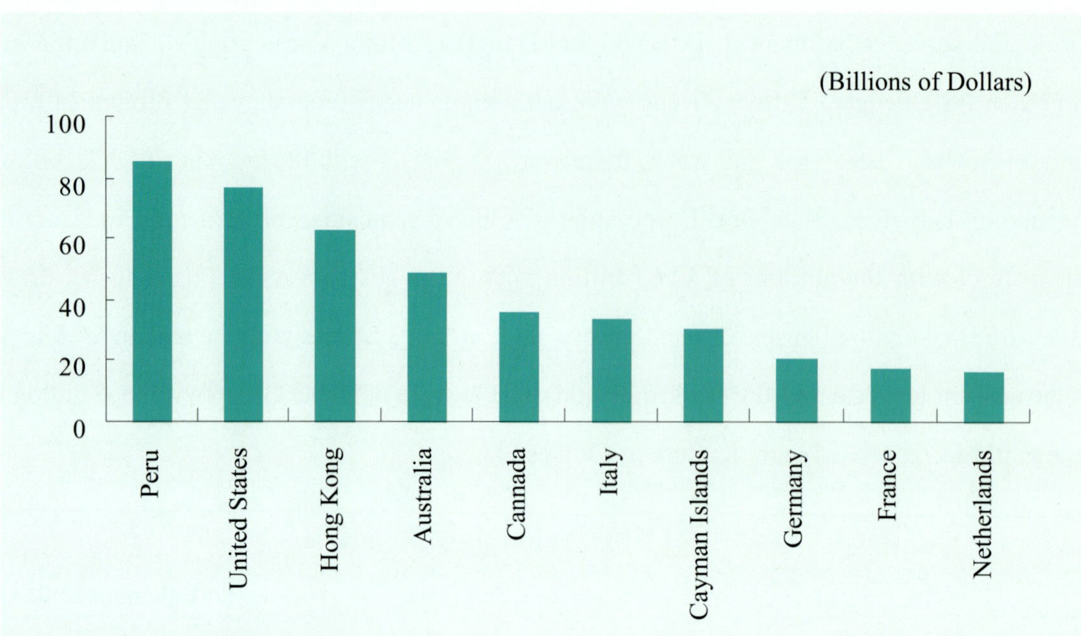

Chart 4 China's M&Asvia Direct Investment, 2004-2014

(Billions of Dollars)

Year	Amount of M&As	Year-on-Year Growth Rate(%)	Share (%)
2004	3.0	—	54.5
2005	6.5	116.7	53.0
2006	8.3	26.9	39.0
2007	6.3	-23.6	23.8
2008	30.2	379.4	54.0
2009	19.2	-36.4	34.0
2010	29.7	54.7	43.2
2011	27.2	-8.4	36.4
2012	43.4	—	31.4
2013	52.9	21.9	31.3
2014	56.9	7.6	26.4

Note: Amount of M&As for 2012 and 2014 include overseas financing, and the share refers to the proportion of direct investment in total flows.

2.1.3 The share of the equity investment and reinvested earnings were 80%, while share of debt instrument declined significantly.

In 2014, incremental equity investment was $55.73 billion, accounting for 45.3% of the total flows, and the share increased 16.8 percentage points compared to the previous year. Reinvestment of earnings was $44.4 billion, accounting for 36.1%, and the share increased 0.6 percentage points compared to the previous year. Equity investment and reinvestment of earnings were $100.13 billion, accounting for 81.3%. Due to the lower offshore financing cost compared to China, there was an increasing activities in outward investing by Chinese enterprises through offshore financing in regions such as Hong Kong, thus decreasing debt to offshore enterprises from domestic investing entities by 40.7% compared to the previous year.

Chart 5 Structure of China's Outward FDI Flows, 2006-2014

(Billions of Dollars)

Year	Flows	Incremental Equity		Reinvested Earnings		Debt Instrument Investment	
		Amount	Share (%)	Amount	Share (%)	Amount	Share(%)
2006	21.16	5.17	24.4	6.65	31.4	9.34	44.2
2007	26.51	8.69	32.8	9.79	36.9	8.03	30.3
2008	55.91	28.36	50.7	9.89	17.7	17.66	31.6
2009	56.53	17.25	30.5	16.13	28.5	23.15	41.0
2010	68.81	20.64	30.0	24.01	34.9	24.16	35.1
2011	74.65	31.38	42.0	24.46	32.8	18.81	25.2
2012	87.80	31.14	35.5	22.47	25.6	34.19	38.9
2013	107.84	30.73	28.5	38.32	35.5	38.79	36.0
2014	123.12	55.73	45.3	44.40	36.1	22.99	18.6

Note: Data for 2006-2014 include China's outward FDI statistics in all industries.

Figure6 Structure of China's Outward FDI, 2006-2014

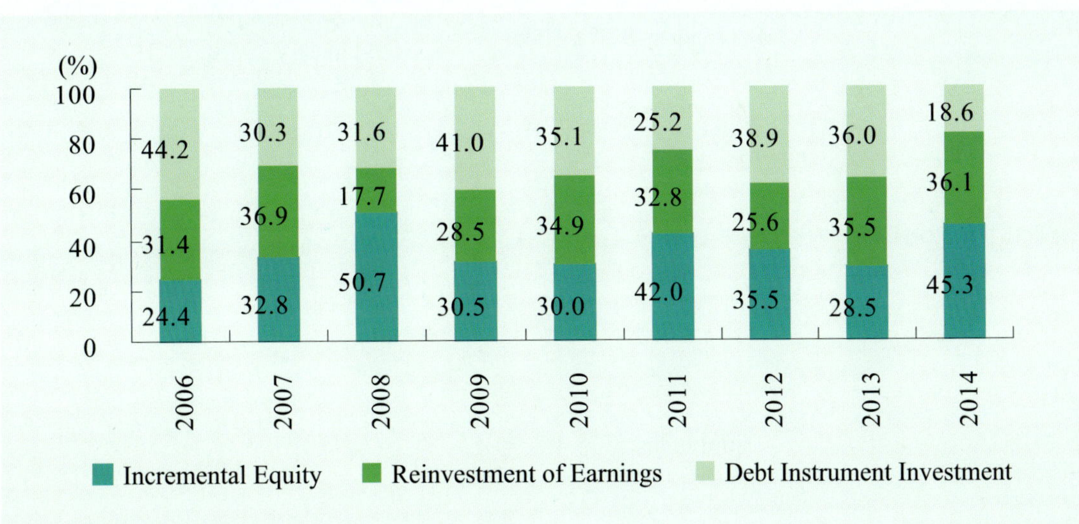

2.1.4 Industries involved are highly diversified with the third industry highly favored.

In 2014, China's outward direct foreign investment covered 18 categories in national economy. In the total investment flows, $1.59 billion went towards the first industry, with a year-on-year increase of 26.2% and accounting for 1.3% of the total flows; $31.11 billion went to the second industry, with a year-on-year decrease of 14.4% and accounting for 25.3% of the total flows. In the flows towards the second industry, $16.55 billion went to mining (excluding supplementary mining activities), with a year-on-year decrease of 33.3%, and $3.4 billion went to construction, with a year-on-year decrease of 22%; $90.42 billion went to the third industry, with a year-on-year increase of 28.7% and accounting for 73.4% of the total flows.

The decomposition of the third industry shows that:

Leasing and Business Services (investment holding as the primary purpose) received $36.83 billion, accounting for 29.9%, with a year-on-year increase of 36.1%.

Wholesale and Retail Trade received $18.29 billion, accounting for 14.9%, with a year-on-year increase of 24.8%.

Finance received $15.92 billion, accounting for 12.9%, with a year-on-year increase of 5.4%.

Real Estate received $6.6 billion, accounting for 5.4%, with a year-on-year increase of 67.1%.

Transportation, Storage and Postal Service received $4.18 billion, accounting for 3.4%, with a year-on-year increase of 26.3%.

Information Transmission / Software and IT Services received $3.17 billion, accounting for 2.6%, with a year-on-year increase of 126.4%.

Figure 7 China's Outward Foreign Direct Investment in Three Industries, 2014

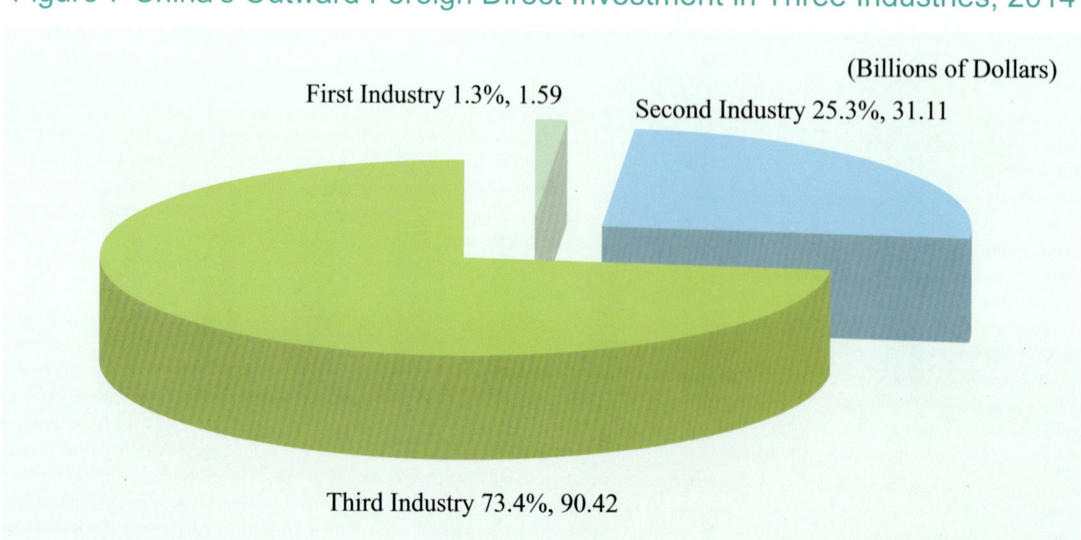

Figure 8 Industrial Distribution of China's Outward FDI Flows, 2014

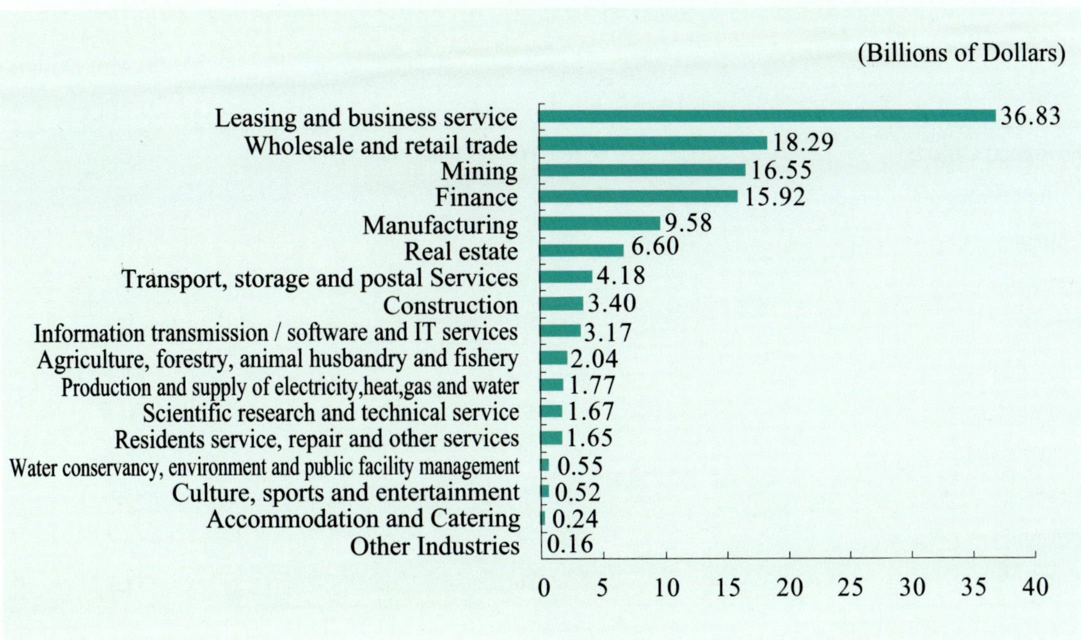

2.1.5 Investment hot spots were developed economies, with investments in European Union (EU), the United States, and Australia achieving historical highs.

In 2014, flows to developed economies stood at $23.83 billion, achieving a rapid increase of 72.3% from the previous year. Among the flows, $9.787 billion went to EU, with a year-on-year growth rate of 116.3% and accounting for 3.8% of its total foreign investment; $7.569 billion went to the United States, with a year-on-year growth rate of 96.1% and accounting for 8.2% of its total foreign investment; $4.049 billion went to Australia, with a year-on-year growth rate of 17.1% and accounting for 7.8% of its total foreign investment. In 2014, investments from China towards EU, the United States, and Australia all achieved historical highs. Developed countries have become high priority investment destinations of Chinese enterprises.

In 2014, flows to developing economies stood at $97.68 billion, accounting for 79.3% of the total, with a year-on-year increase of 6.5%. Among the flows, $70.867 billion went to Hong Kong, with a year-on-year growth rate of 12.8%; $7.809 billion went to ASEAN, with a year-on-year growth rate of 7.5%.

Flows to transition economies stood at $1.61 billion, with a year-on-year decrease of 29.1%. Among the flows, $634 million went to Russia, with a year-on-year decrease of 38%; -$40.7 million went to Kazakhstan, most of which was the debt decrease from offshore enterprises to domestic investment entities (i.e., debt instruments are negative term). However, China's investments towards Turkmenistan, Georgia, Belarus,

Tajikistan, and Uzbekistan all increased rapidly.

Chart 6 China's Outward FDI to Developed Economies, 2014

(Millions of Dollars)

Economy	Flows	Year-on-Year Growth Rate (%)
European Union	9,787.16	116.3
United States	7,596.13	96.1
Canada	903.84	-10.4
Australia	4,049.10	17.1
Japan	394.45	-9.1
New Zealand	250.02	31.3
Norway	58.60	70.5
Switzerland	33.64	-78.8
Israel	52.58	2,682.0
Bermuda	707.69	3,638.5
Total	**23,833.21**	**72.3**

Note: Classification of economies is based on World Investment Report by UNCTAD.

Chart 7 Structure of China's Outward FDI Flows to Economies, 2014

(Billions of Dollars)

Economy	Amount	Year-on-Year Growth Rate (%)	Share(%)
Developed Economies	23.83	72.3	19.4
Developing Economies	97.68	6.5	79.3
Transition Economies	1.61	-29.1	1.3
Total	**123.12**	**14.2**	**100.0**

Note: 1. Classification of economies is based on World Investment Report by UNCTAD.

2. Transition economies mainly include: (1) South-East Europe: the Republic of Albania, Bosnia and Herzegovina, Serbia, Montenegro, and Macedonia; (2) Independent States: Armenia, Azerbaijan, Belarus, Kyrgyzstan, Moldova, Russia, Ukraine, Tajikistan, Kazakhstan, Turkmenistan, and Uzbekistan. (3) Georgia.

2.1.6 Countries (regions) were highly clustered, with nearly 70% investment towards Hong Kong, British Virgin Islands, the Cayman Islands and Luxembourg.

In 2014, the total outward FDI to Hong Kong, Cayman Islands, the British Virgin Islands and Luxembourg amounted to $84.207 billion, increased by 10% compared to the previous year, with their share in terms of flows accounting for 75.8% in top 20 countries (regions) and 68.4% of the total outward FDI flows. The overseas enterprises established by China's enterprises and located in the above-mentioned countries (regions) were mainly distributed in business services, and most of the major M&A projects in 2014 were conducted through reinvestment of these overseas enterprises. In 2014, there were 13 countries (regions) received more than $1 billion FDI flows from China, up from 11 in the previous year.

Hong Kong (China) received $70.867 billion, accounting for 57.6% of the total. The flows were mainly concentrated in leasing and business services, wholesale and retail trade, finance, mining, manufacturing, real estate, transportation / storage and postal service, etc.

The United States received $7.596 billion, accounting for 6.2% of the total. The flows were mainly concentrated in manufacturing, real estate, mining, finance, leasing and business services, wholesale and retail trade, scientific research and technical services, water conservancy / environment and public facility management, construction, etc.

Luxembourg received $4.578 billion, accounting for 3.7% of the total. The flows were mainly concentrated in business services, finance, mining, wholesale and retail trade, etc.

The British Virgin Islands received $4.57 billion, accounting for 3.7% of the total. The flows were mainly concentrated in business services.

The Cayman Islands received $4.192 billion, accounting for 3.4% of the total. The flows were mainly concentrated in business services.

Australia received $4.049 billion, accounting for 3.3% of the total. The flows were mainly concentrated in mining, real estate, leasing and business services, wholesale and retail trade, manufacturing, agriculture / forestry / animal husbandry and fishery, finance, construction, etc.

Singapore received $2.814 billion, accounting for 2.3% of the total. The flows were mainly concentrated in business services, wholesale and retail trade, production and supply of electricity, heat, gas and water, manufacturing, construction, and transportation / storage and postal service, etc.

United Kingdom received $1.499 billion, accounting for 1.2% of the total. The flows were mainly concentrated in real estate, finance, and business services, manufacturing, wholesale and retail trade, etc.

Germany received $1.439 billion, accounting for 1.2% of the total. The flows were mainly concentrated in manufacturing, wholesale and retail trade, scientific research and technical services, and finance, etc.

Indonesia received $1.272 billion, accounting for 1% of the total. The flows were mainly concentrated in manufacturing, agriculture / forestry / animal husbandry and fishery, mining, production and supply of electricity / heat / gas and water, finance, construction, etc.

The Netherlands received $1.03 billion, accounting for 0.8% of the total. The flows were mainly concentrated in mining, wholesale and retail trade, business services, and manufacturing.

Laos received $1.027 billion, accounting for 0.8% of the total. The flows were mainly concentrated in mining, production and supply of electricity, heat, gas and water, construction, agriculture, forestry, animal husbandry and fishery, and real estate.

Pakistan received $1.014 billion, accounting for 0.8% of the total. The flows were mainly concentrated in information transmission / software and IT services, scientific research and technical services, manufacturing, and construction.

Chart 8 Top 20 Countries (Regions) as Destinations for China's Outward FDI Flows, 2014

(Billions of Dollars)

No.	Countries(Regions)	Flows	Share (%)
1	Hong Kong (China)	70.867	57.6
2	United States	7.596	6.2
3	Luxembourg	4.578	3.7
4	British Virgin Islands	4.570	3.7
5	Cayman Islands	4.192	3.4
6	Australia	4.049	3.3
7	Singapore	2.814	2.3
8	United Kingdom	1.499	1.2
9	Germany	1.439	1.2
10	Indonesia	1.272	1.0
11	Netherland	1.030	0.8
12	Laos	1.027	0.8
13	Pakistan	1.014	0.8
14	Canada	0.904	0.7
15	Thailand	0.839	0.7
16	Brazil	0.730	0.6
17	Bermuda	0.708	0.6
18	United Arab Emirates	0.705	0.6
19	Algeria	0.666	0.5
20	The Russian Federation	0.634	0.5
	Total	**111.133**	**90.3**

2.1.7 Flows to Africa and Latin America declined, while flows to other regions increased by double digits.

In 2014, China's outward FDI flows to Africa stood at $3.2 billion, with a year-on-year decrease of 5%, accounting for 2.6% of the total. The flows were mainly distributed in Algeria, Zambia, Kenya, Congo (Brazzaville), Nigeria, Central Africa, Sudan, Tanzania, and Egypt, etc. Investment flows to Africa were

2.1.8 China's local outward FDI surpassed half of total flows for the first time, with top three provinces (municipalities) being Guangdong, Beijing, and Shanghai.

In 2014, China's local non-financial outward FDI flows reached $54.726 billion, with a year-on-year increase of 50.3%, accounting for 51.1% of China's total non-financial outward FDI flows, surpassing the direct investment from state-owned key enterprises for the first time. Among the flows, $44.78 billion was from East China, accounting for 81.8% of the total local investment flows and with a year-on-year increase of 53.2%; $6.519 billion was from West China, accounting for 11.9% of the total local investment flows and with a year-on-year increase of 78.4%. $3.427 was from Central China, accounting for 6.3% of the total local investment flows and with a year-on-year decrease of 3.1%; Guangdong, Beijing, Shanghai, Tianjin, Jiangsu, Shandong, Zhejiang, Liaoning, Sichuan and Yunnan were top 10 provinces (municipalities) in terms of local outward FDI flows, from which a total of $43.28 billion outward FDI flows were achieved, accounting for 79.1% of the China's total local outward FDI flows.

Chart 11 Regional Distribution of China's Local Outward FDI Flows, 2014

(Billions of Dollars)

Regions	Flows	Year-on-Year Growth Rate (%)
East China	44.780	53.2
Central China	3.427	-3.1
West China	6.519	78.4
Total	**54.726**	**50.3**

Note: 1. Central China includes six provinces, namely, Shanxi, Anhui, Jiangxi, Henan, Hubei and Hunan.
2. West China includes Inner Mongolia, Guangxi, Sichuan, Chongqing, Guizhou, Yunnan, Shanxi, Gansu, Qinghai, Ningxia, Xinjiang and Tibet.

Chart 12 Top 10 Provinces (Municipalities) in Terms of Local Outward FDI Flows, 2014

(Billions of Dollars)

No.	Province (Municipality)	Flows	Year-on-Year Growth Rate (%)
1	Guangdong	10.897	83.4
2	Beijing	7.274	76.1
3	Shanghai	4.992	86.6
4	Tianjin	4.146	270.2
5	Jiangsu	4.070	34.8
6	Shandong	3.916	-8.2
7	Zhejiang	3.862	51.3
8	Liaoning	1.479	14.2
9	Sichuan	1.382	136.6
10	Yunnan	1.262	52.0
	Total	**43.280**	

2.2 Characteristics of China's Outward FDI Stock by the End of 2014

2.2.1 China's outward FDI stock ranking and share in the world.

By the end of 2014, China's outward FDI stock had reached $882.64 billion, increased by $222.16 billion and was nearly 30 times the stock by the end of 2002. It accounted for 3.4% of the global stock, increased from 0.4% in 2002. It ranked no. 8 globally, up from no. 25 in 2002. China's outward FDI started late and grew rapidly after 2010, however its stock was still far less than that of developed countries by the end of 2014, being only equivalent to 14% of the United States, 55.7% of the United Kingdom and Germany, 69% of France, and 74% of Japan respectively during the same period.

Graph 10 China's Outward FDI Stock, 2002-2014.

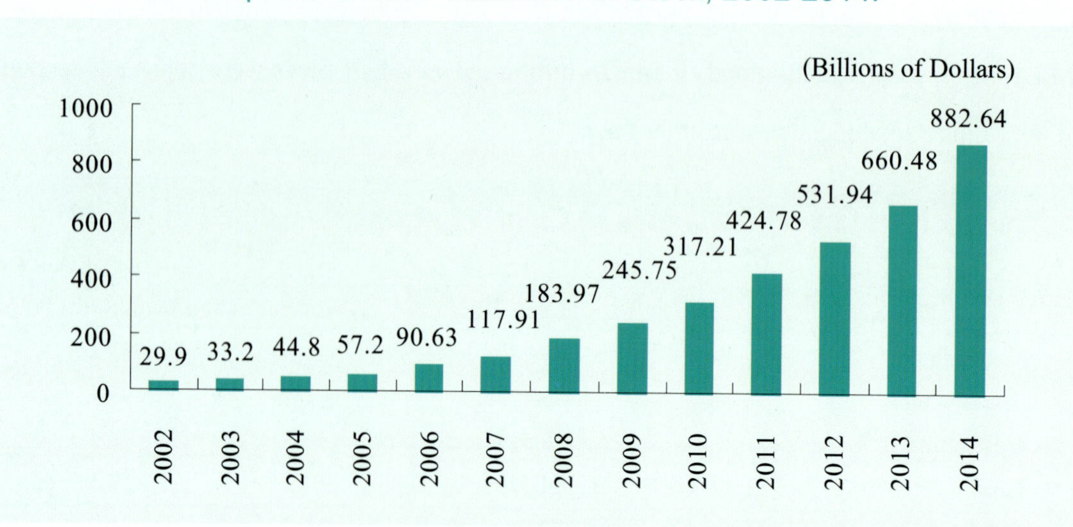

Chart 13 Top 10 Countries (Regions) as Sources of Global Outward FDI Stock, by the End of 2014

(Billions of Dollars)

Ranking	Countries (Regions)	Stock	Share in Global Total Stock(%)
1	United States	6,318.64	24.4
2	United Kingdom	1,584.15	6.1
3	Germany	1,583.28	6.1
4	Hong Kong (China)	1,459.95	5.6
5	France	1,279.10	4.9
6	Japan	1,193.14	4.6
7	Netherlands	985.26	3.8
8	China	882.64	3.4
9	Canada	714.55	2.8
10	Ireland	628.03	2.4
	Total	**16,628.74**	**64.1**

Note: Data about China's outward FDI in 2014 is based on MOFCOM statistics, and data about other countries (regions) is based on World Investment Report 2015 by UNCTAD.

Graph 11 Proportions of Outward FDI Stock of Global Major Economies, by the End of 2014

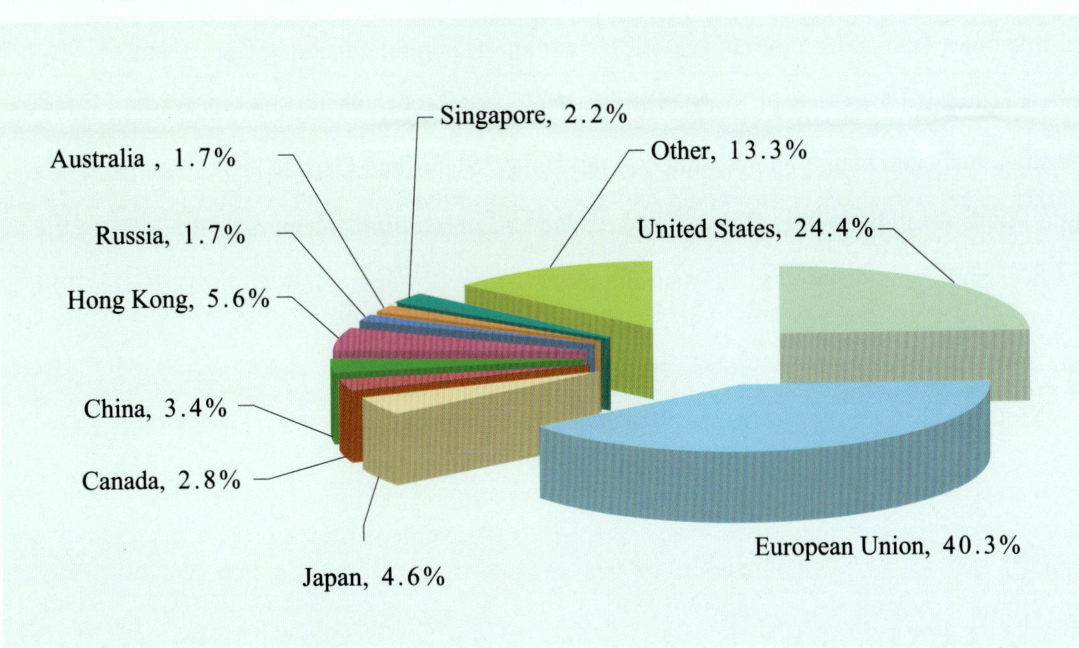

2.2.2 Country (region) distribution

By the end of 2014, China's outward FDI had spread across 186 countries (regions), accounting for 79.8% of the total number of countries (regions) in the world. Investment to Guatemala and El Salvador were newly added in 2014 compared to the previous year.

By the end of 2014, China's outward FDI stock in Asia had reached $600.97 billion, accounting for 68.1% of the total. The stock had been mainly concentrated in Hong Kong (China), Singapore, Kazakhstan, Indonesia, Laos, Myanmar, Macau (China), Mongolia, Pakistan, Iran, Cambodia, Thailand, India, Vietnam, etc. Among the stock, Hong Kong had accounted for 84.8% of China's outward FDI in Asia.

China's outward FDI stock in Latin America had reached $106.11 billion, accounting for 12% of the total. The stock had been mainly concentrated in the British Virgin Islands, the Cayman Islands, Brazil, Venezuela, Argentina, Trinidad and Tobago, Ecuador, Peru, Colombia, Mexico etc. China's outward FDI stock in the Cayman Islands and the British Virgin Islands had accumulated to $93.56 billion, accounting for 88.2% of the stock in Latin America.

China's outward FDI stock in Europe had reached $69.4 billion, accounting for 7.9% of the total. The stock had been mainly concentrated in the Luxembourg, the United Kingdom, Russia, France, Germany, Norway, the Netherlands, Sweden, Italy, etc.

China's outward FDI stock in Africa had reached $32.35 billion, accounting for 3.7% of the total. The stock had been mainly concentrated in South Africa, Zambia, Algeria, Nigeria, Congo (DRC), Sudan, Angola, Zimbabwe, Ghana, Congo (Brazzaville), Namibia, Ethiopia, Tanzania, Kenya, etc.

China's outward FDI stock in North America had reached $47.95 billion, accounting for 5.4% of the total. The stock had been mainly concentrated in the United States and Canada.

China's outward FDI stock in Oceania had reached $25.86 billion, accounting for 2.9% of the total. The stock had been mainly concentrated in Australia, New Zealand, Papua New Guinea, Samoa, Fiji, Marshall Islands, etc.

Graph 12 Geographical Distribution of China's Outward FDI Stock, 2014

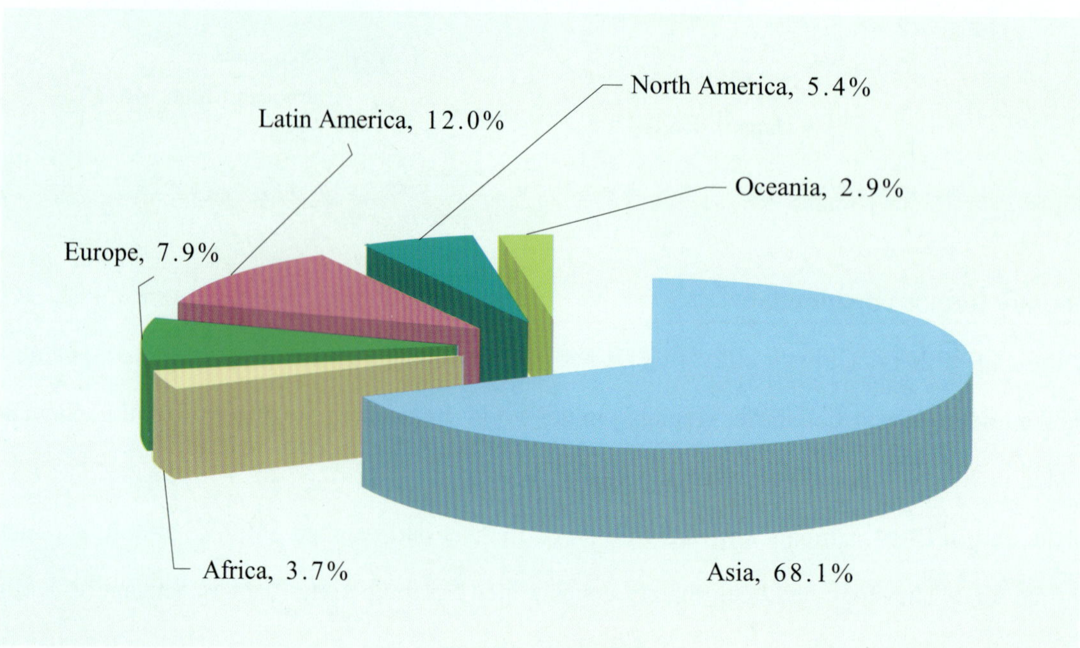

Four fifths of China's outward FDI stock had been distributed in developing economies. By the end of 2014, China's outward FDI stock in developing economies had reached $728.17 billion, accounting for 82.5% of the total. Stock in developed economies had reached $135.25 billion, accounting for 15.3% of the total, with an increase of 1.1 percentage points compared to the previous year. Among the stock in developed economies, the European Union had received $54.21 billion, accounting for 40.1% of the total; the United States had received $38.01 billion, accounting for 28.1% of the total; Australia had received $23.88 billion, accounting for 17.6% of the total; Canada had received $7.789 billion, accounting for 5.7% of the total; Norway had received $5.224 billion, accounting for 3.9% of the total; Japan had received $2.55 billion, accounting for 1.9% of the total.

Chart 14 China's Outward FDI Stock in Developed Countries (Regions), by the End of 2014

(Billions of Dollars)

Economy	Stock	Share (%)
European Union	54.210	40.1
Norway	5.224	3.9
Switzerland	0.388	0.3
United States	38.011	28.1
Canada	7.789	5.7
Australia	23.882	17.6
New Zealand	0.962	0.7
Japan	2.547	1.9
Israel	0.087	0.1
Bermuda	2.151	1.6
Total	**135.251**	**100.0**

By the end of 2014, China's outward FDI stock in transition economies had reached $19.221 billion, accounting for 2.2% of the total. Among the stock in transition economies, Russia had received $8.695 billion, accounting for 45.2% of the total; Kazakhstan had received $7.541 billion, accounting for 39.2% of the total; Kyrgyzstan had received $0.984 billion, accounting for 5.1% of the total; Tajikistan had received $0.729 billion, accounting for 3.8% of the total; Turkmenistan had received $0.448 billion, accounting for 2.3% of the total.

Graph 13 Structure of China's FDI Stock in Economies, by the End of 2014

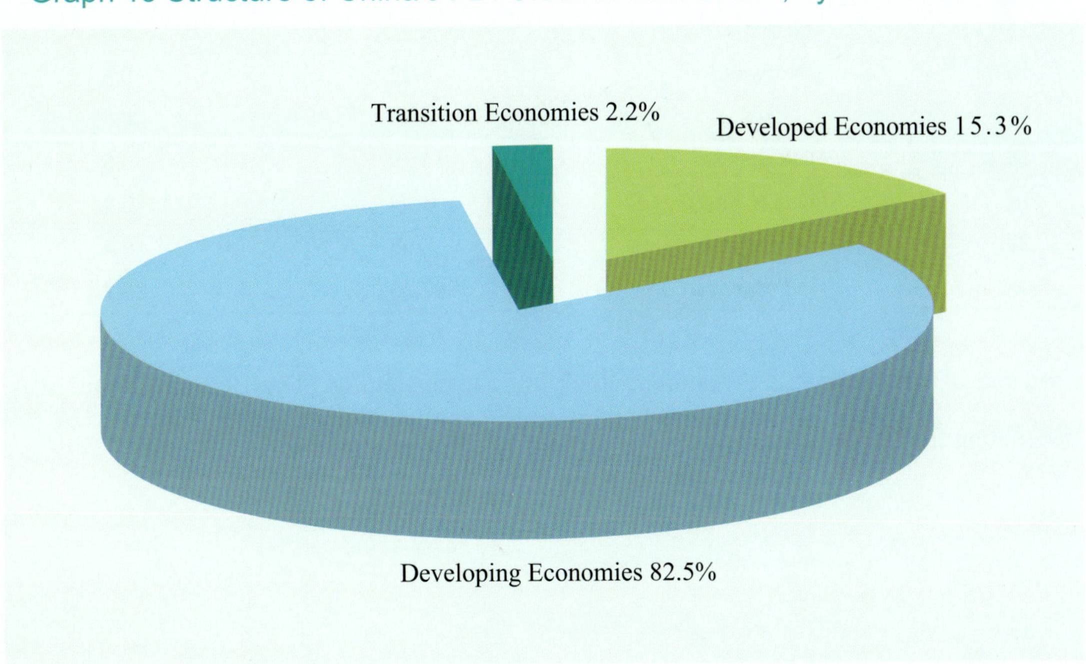

By the end of 2014, China's outward FDI stock in top 20 countries (regions) as destinations had accumulated to $787.252 billion, accounting for 89.2% of the total. The top 20 countries (regions) had been Hong Kong (China), British Virgin Islands, the Cayman Islands, the United States, Australia, Singapore, Luxembourg, Britain, Russia, France, Canada, Kazakhstan, Indonesia, South Africa, Germany, Norway, Laos, Netherlands, Macau (China) , Myanmar. .

Chart 15 Top 20 Countries (Regions) as Destinations for China's Outward FDI Stock, by the End of 2014

(Billions of Dollars)

No.	Country (Region)	Stock	Share (%)
1	Hong Kong (China)	509.92	57.8
2	British Virgin Islands	49.32	5.6
3	Cayman Islands	44.24	5.0
4	United States	38.01	4.3
5	Australia	23.88	2.7
6	Singapore	20.64	2.3
7	Luxembourg	15.67	1.8
8	United Kingdom	12.81	1.5
9	Russia	8.7	1.0
10	France	8.45	1.0
11	Canada	7.79	0.9
12	Kazakhstan	7.54	0.8
13	Indonesia	6.79	0.8
14	South Africa	5.95	0.7
15	Germany	5.79	0.6
16	Norway	5.22	0.6
17	Laos	4.49	0.5
18	Netherlands	4.19	0.5
19	Macau (China)	3.93	0.4
20	Myanmar	3.93	0.4
	Total	**787.25**	**89.2**

By the end of 2014, China's investment stock to countries along "The Belt and Road" was $92.46 billion, accounting for 10.5% of the total.

2.2.3 Industrial distribution

(1)Distribution in national economy industries.

By the end of 2014, China's outward FDI stock had spread in all industries of the national economy. Among the stock, four industries received over a hundred of billions. Leasing and Business Services was the highest and had received $322.44 billion, accounting for 36.5% of the total. Finance came to 2nd place and had received $137.62 billion, accounting for 15.6% of the total. Mining was the 3rd and had received $123.73 billion, accounting for 14% of the total. Wholesale and Retail Trade had received $102.96 billion, accounting for 11.7% of the total. These four industries had together received $686.75 billion, accounting for 77.8% of the total. Below are the distributions in other industries.

Manufacturing had received $52.35 billion, accounting for 5.9% of the total. The stock had been mainly concentrated in chemical material and chemical product manufacturing, communication equipment, computer and other electronic equipment manufacturing, equipment manufacturing, automobile manufacturing, textile, pharmaceutical manufacturing, electrical machinery and equipment manufacturing, non-ferrous metal smelting and rolling processing, food manufacturing, ferrous metal smelting and rolling processing, garment and decoration, general equipment manufacturing, fabricated metal product, etc.

Transportation, Storage and Postal Service had received $34.68 billion, accounting for 3.9% of the total. The stock had been mainly concentrated in water transport, handling and other transportation agency, air transport, pipeline transport, etc.

Real Estate had received $24.65 billion, accounting for 2.8% of the total.

Construction had received $22.58 billion, accounting for 2.6% of the total. Most of the stock was investment in housing construction, building decoration and other construction, and construction installation.

Production and Supply of Electricity, Heat, Gas and Water had received $15.04 billion, accounting for 1.7% of the total. Most of the stock was investment in production and supply of electricity and heat.

Information Transmission, Software and IT Services had received $12.33 billion, accounting for 1.4% of the total. The stock had been mainly concentrated in software and IT services.

Scientific Research and Technical Services had received $10.87 billion, accounting for 1.2% of the total. Most of the stock was investment in professional technical services, and research experiment and development.

Agriculture, Forestry, Animal Husbandry and Fishery had received $9.69 billion, accounting for 1.1% of the total, of which 28.9%, 26.4% and 12.2% had fallen under agriculture, forestry and fishery, respectively.

Resident Services, Repairs and Other Services had received $9.04 billion, accounting for 1% of the total. Most of the stock was investment in other services and resident services.

Culture, Sports and Entertainment had received $1.6 billion, accounting for 0.2% of the total.

Water Conservancy, Environment and Public Facility Management had received $1.33 billion, accounting for 0.2% of the total.

Hospitality and Catering had received $1.31 billion, accounting for 0.1% of the total.

Other industries had received $0.42 billion, accounting for 0.1% of the total.

Graph 14 Industrial Distribution of China's Outward FDI Stock, by the End of 2014

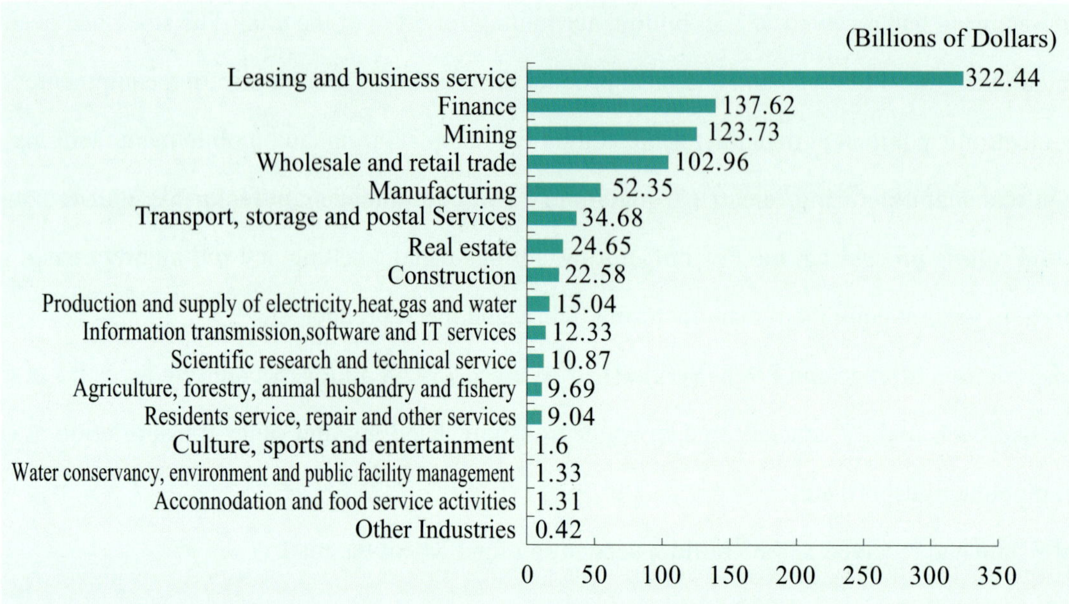

Graph 15 Industry Weightings of China's Outward FDI Stock,by the End of 2014

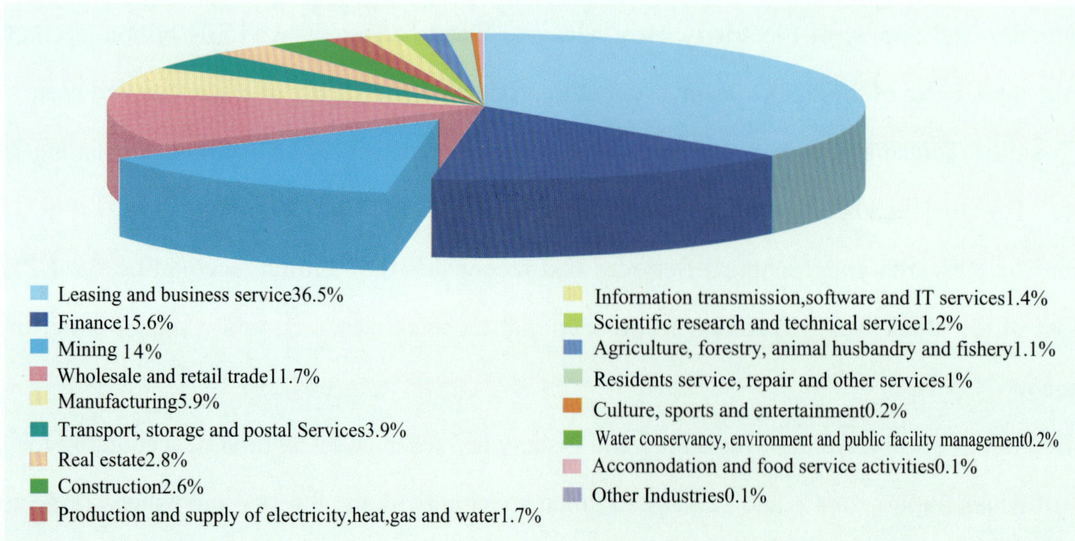

Location distributions of industries show that the industries that received China's direct investment in each region were highly concentrated.

Chart 16 Top 5 Industries of China's Outward FDI Stock in Each Continent, by the End of 2014

(Billions of Dollars)

Continent	Industry	Stock	Share (%)
Asia	Leasing and Business Services	240.8	40.1
	Wholesale and Retail Trade	81.3	13.5
	Finance	81	13.5
	Mining	74.3	12.4
	Transportation, Storage and Postal Service	28.4	4.7
	Subtotal	**505.7**	**84.2**
Africa	Construction	8	24.7
	Mining	7.9	24.5
	Finance	5.3	16.4
	Manufacturing	4.4	13.6
	Scientific Research and Technical Services	1.4	4.2
	Subtotal	**27**	**83.4**
Europe	Leasing and Business Services	16.2	23.3
	Finance	13.8	19.8
	Manufacturing	11.7	16.9
	Mining	10.8	15.5
	Wholesale and Retail Trade	5.5	7.9
	Subtotal	**57.9**	**83.4**
Latin America	Leasing and Business Services	60.5	57
	Finance	19.4	18.3
	Wholesale and Retail Trade	8.4	8
	Mining	5.4	5.1
	Transportation, Storage and Postal Service	3.5	3.2
	Subtotal	**97.2**	**91.6**
North America	Finance	16.3	33.9
	Mining	8.4	17.5
	Manufacturing	7.2	15
	Leasing and Business Services	3.2	6.6
	Real Estate	3.1	6.5
	Subtotal	**38.1**	**79.5**
Oceania	Mining	16.9	65.5
	Finance	1.93	7.5
	Real Estate	1.85	7.2
	Agriculture, Forestry, Animal Husbandry and Fishery	1.1	4.1
	Manufacturing	1	3.7
	Subtotal	**22.7**	**88**

(2)Distribution in three industries.

In 2014, 75% of China's direct outward investment was received by the third industry (i.e. service industry). The amount was $661.65 billion and mainly concentrated in business service, finance, wholesale and retail trade, transportation, storage, real estate, etc. The second industry received $213.23 billion, accounting for 24% of the total. In the second industry, mining (excluding supplementary mining activities) received $123.31 billion, accounting for 57.8% of the second industry; manufacturing (excluding fabricated metal product and repair of machinery and equipment) received $52.3 billion, accounting for 24.5% of the second industry; construction received $22.58 billion, accounting for 10.6% of the second industry; production and supply of electricity, heat, gas and water received $15.04 billion, accounting for 7.1% of the second industry. The first industry (agriculture, forestry, animal husbandry and fishery but excluding related service activities) received $7.76 billion, accounting for 1% of the total.

Graph 16 Industrial Distribution of China's Outward FDI Stock in Three Industries, by the End of 2014

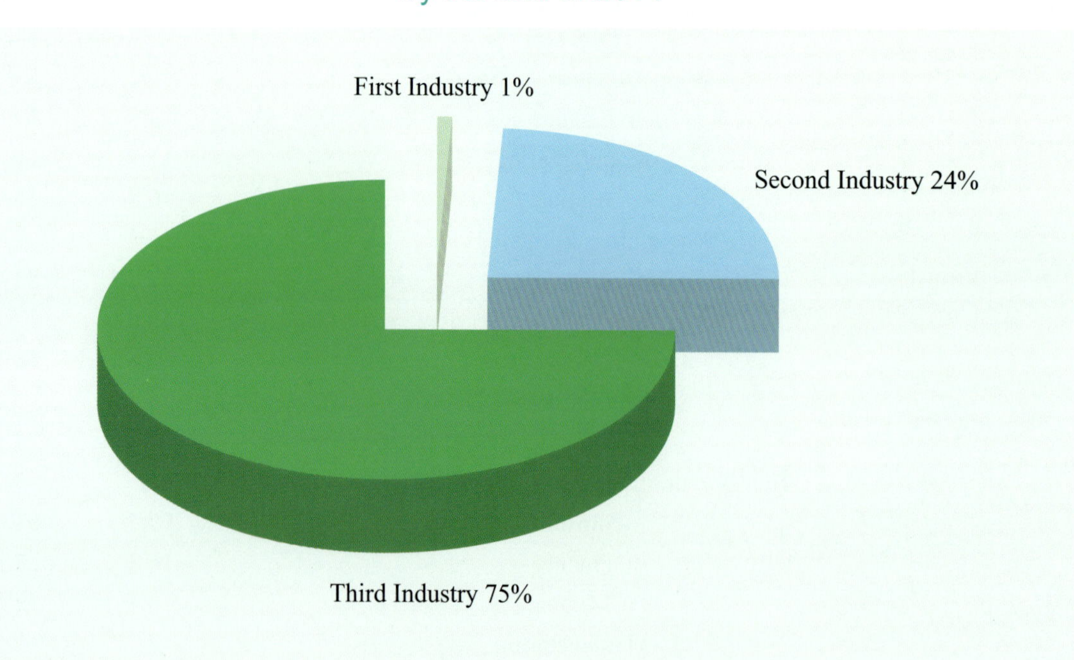

2.2.4 Distribution in domestic investor business registration type

By the end of 2014, among $745.02 billion non-financial outward FDI stock, state-owned enterprises had taken a share of 53.6%, and that of the non-state enterprises had reached 46.4%, with an increase of 1.6 percentage points compared to the previous year. Among the non-state enterprises, limited liability companies had taken a share of 33.2%, with an increase of 2.4 percentage points compared to the previous year; the shares of incorporated companies, private enterprises, joint-stock cooperative enterprises, foreign-invested enterprises, Hong Kong, Macao and Taiwan-invested enterprises, collective enterprises and others had reached 7.7%, 1.6%, 1.5%, 1.2%, 0.3%, 0.1% and 0.8%, respectively.

Graph 17 Structure of China's Non-financial Outward FDI Stock, by Domestic Investor Registration Types, by the End of 2014

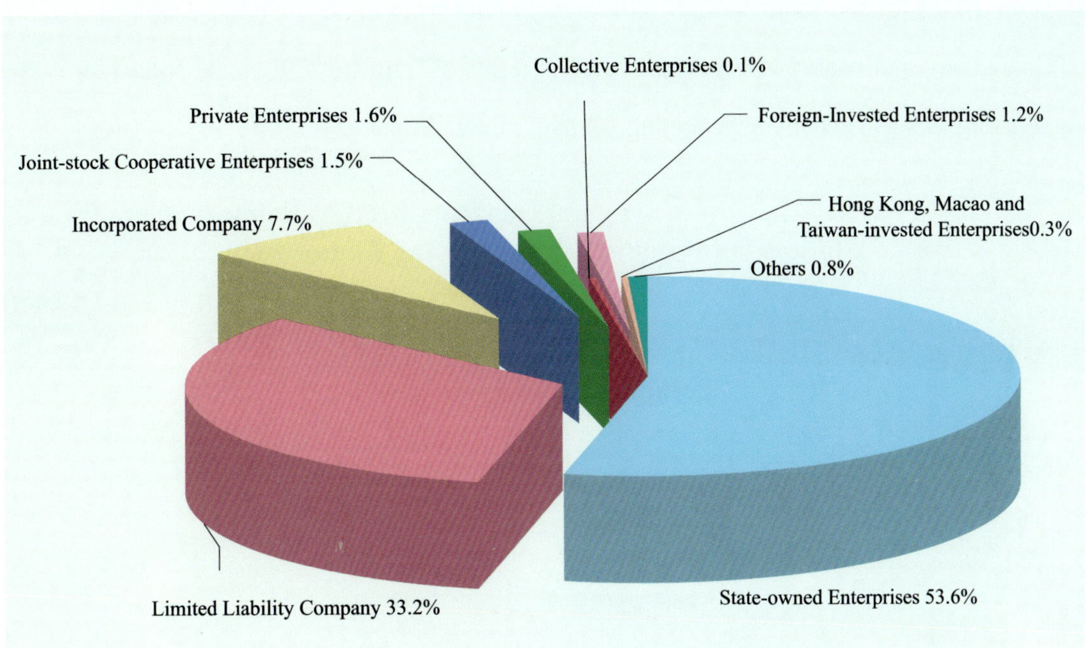

Graph 18 Proportions of State-owned Enterprises and Non-state Enterprises in China's Outward FDI Stock, 2006-2014

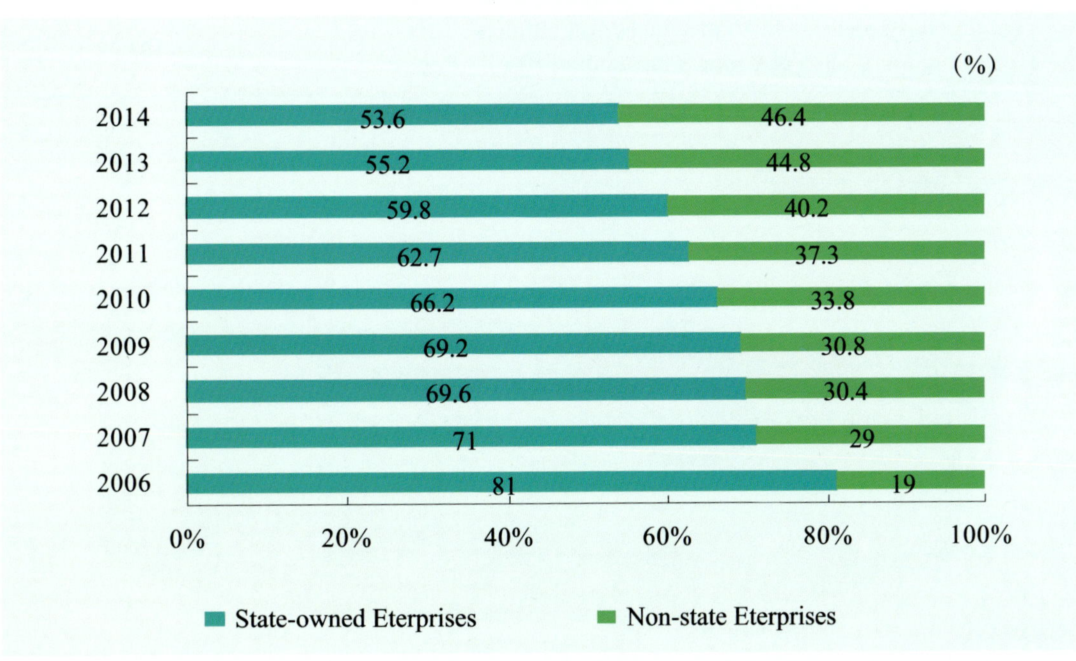

2.2.5 Provincial distribution

By the end of 2014, non-financial outward FDI stock by local enterprises had reached $235.44 billion, accounting for 31.6% of China's total non-financial outward FDI stock, increased by 1.3% compared to the previous year. Among the non-financial outward FDI stock by local enterprises, $192.24 billion had come from eastern China, accounting for 81.6% of the total; $24.92 billion had come from western China, accounting for 10.6% of the total; $18.28 billion had come from central China, accounting for 7.8% of the total. Guangdong had been the largest province in terms of outward FDI stock, followed by Shanghai, Shandong, Beijing, Jiangsu, Zhejiang, Liaoning, Hunan, Fujian, Yunnan, etc.

Chart 17 Top 10 Provinces (Municipalities) as Sources of China's Outward FDI Stock, by the End of 2014

(Billions of Dollars)

No.	Province (Municipality)	Stock
1	Guangdong	49.48
2	Shanghai	28.49
3	Shandong	25.48
4	Beijing	19.7
5	Jiangsu	15.61
6	Zhejiang	15.37
7	Liaoning	9.26
8	Hunan	9.23
9	Fujian	5.52
10	Yunnan	5.14
Total (Above-mentioned 10 provinces and municipalities accounting for 77.8% of China's local outward FDI stock)		**183.28**

Graph 19 Regional Weightings of China's Outward FDI Stock by Local Enterprises, by the End of 2014

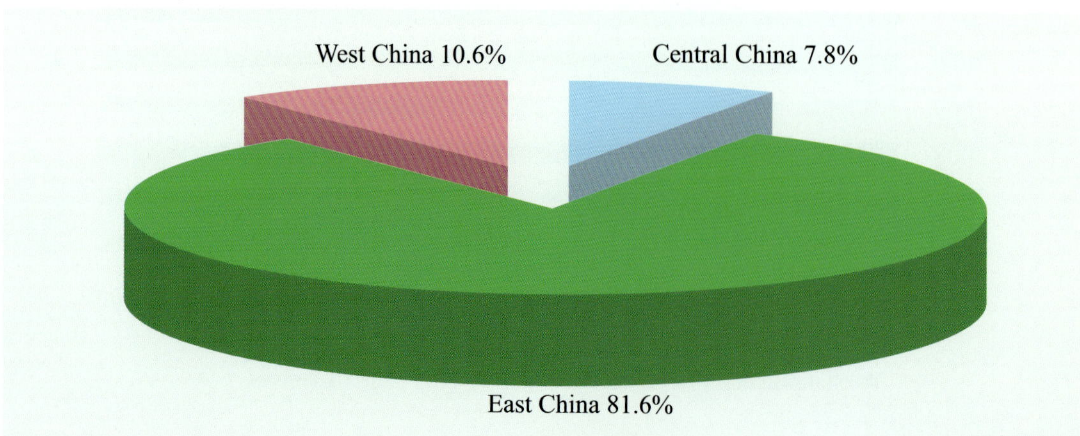

3. China's Outward FDI to World's Major Economies

Chart 18 China's Outward FDI to World's Major Economies, 2014

(Billions of Dollars)

Economy	Flows			Stock	
	Amount	Year-on-Year Growth Rate (%)	Share (%)	Amount	Share (%)
Hong Kong (China)	70.87	12.8	57.6	509.92	57.8
European Union	9.79	116.3	7.9	54.21	6.1
ASEAN	7.81	7.5	6.3	47.63	5.4
United States	7.60	96.1	6.2	38.01	4.3
Australia	4.05	17.1	3.3	23.88	2.7
Russia	0.63	38.0	0.5	8.70	1.0
Total	**100.74**	**21.4**	**81.8**	**682.35**	**77.3**

3.1 Outward FDI from Mainland China to Hong Kong

In 2014, outward FDI flows from Mainland China to Hong Kong stood at $70.867 billion, accounting for 57.6% of the total, with a year-on-year increase of 12.8%. Hong Kong served as the largest destination for China's outward FDI, where most of China's major outward M&As had been conducted through reinvestment, such as China Minmetals' acquisition of Las Bambas copper mine in Peru, Lenovo's acquisition of mobile department of Motorola, State Grid Corporation of China's acquisition of 35% stake in Cassa Depositi e Prestiti in Italy, etc. From an industry perspective, leasing and business services (investment holding as the primary purpose) received $23.95 billion, with a year-on-year decrease of 35.5%, accounting for 33.8% of the total; wholesale and retail trade received $13.681 billion, with a year-on-year increase of 25.7%, accounting for 19.3% of the total; finance received $9.706 billion, with a year-on-year decrease of 23.4%, accounting for 13.7% of the total; mining received $8.342 billion, with a year-on-year decrease of 22.7%, accounting for 11.8% of the total; transportation, storage and postal service received $2.609 billion, with a year-on-year decrease9.4%, accounting for 3.7% of the total; manufacturing received $3.137 billion, with a year-on-year increase of 111.4%, accounting for 4.4% of the total; real estate received $2.952 billion, with a year-on-year increase of 28.8%, accounting for 4.2% of the total.

By the end of 2014, mainland China had established more than 9000 FDI enterprises in Hong Kong, with a stock of $50.992 billion, accounting for 57.8% of the total. In terms of industrial distribution, leasing and business services had received $233.117 billion, wholesale and retail trade had received $73.133 billion, finance had received $67.483 billion, mining had received $54.346 billion, transportation, storage and postal service had received $25.613 billion, manufacturing had received $15.537 billion, accounting for 45.7%, 14.3%, 13.2%, 10.7%, 5% and 3.1% of the total, respectively. The shares of real estate, information transmission, software and IT services, resident services, repairs and other services, construction, production and supply of electricity, heat, gas and water, scientific research and technical services, and others had reached 2.9%, 1.8%. 1.4%, 0.5%, 0.5%, 0.4% and 0.5%, respectively.

Chart 19 Industrial Distribution of Outward FDI from Mainland China to Hong Kong, 2014

(Millions of Dollars)

Industry	Flows	Share (%)	Stock	Share (%)
Leasing and Business Services	23,953	33.8	233,117	45.7
Wholesale and Retail Trade	13,681	19.3	73,133	14.3
Finance	9,706	13.7	67,483	13.2
Mining	8,342	11.8	54,346	10.7
Transportation, Storage and Postal Service	2,609	3.7	25,613	5.0
Manufacturing	3,137	4.4	15,537	3.1
Real Estate	2,952	4.2	14,569	2.9
Information Transmission, Software and IT Services	2,765	3.9	9,170	1.8
Resident Services, Repairs and Other Services	1,158	1.6	7,218	1.4
Construction	420	0.6	2,673	0.5
Production and Supply of Electricity, Heat, Gas and Water	718	1.0	2,672	0.5
Scientific Research and Technical Services	458	0.6	1,952	0.4
Agriculture, Forestry, Animal Husbandry and Fishery	210	0.3	811	0.2
Culture, Sports and Entertainment	255	0.4	633	0.1
Water Conservancy, Environment and Public Facility Management	356	0.5	592	0.1
Others	147	0.2	400	0.1
Total	**70,867**	**100.0**	**509,920**	**100.0**

3.2 China's Outward FDI to the European Union

2014 witnessed China's highest outward FDI flows to the European Union, which reached $9.787 billion, increased by 116.3% compared to the previous year, accounting for 7.9% of its total outward FDI flows (increased by 3.7% compared to previous year) and 90.3% of its outward FDI flows to Europe. Among China's outward FDI flows to the European Union, Luxembourg ranked 1st and received $4.578 billion, with a year-on-year decrease of 259.1%, accounting for 46.8% of the total; the following was the United Kingdom, which received $1.499 billion, with a year-on-year increase of 5.6%, accounting for 15.3% of the total; Germany ranked 3rd and received $1.439 billion, with a year-on-year increase of 58%, accounting for 14.7% of the total.

In terms of industrial distribution, leasing and business services received $4.23 billion, accounting for 43.2% of the total, and the flows were mainly concentrated in Luxembourg, the United Kingdom, the Netherlands, Ireland, Poland, etc.; Manufacturing received $1.286 billion, accounting for 13.1% of the total, and the flows were mainly concentrated in Germany, France, Italy, Denmark, etc.; Real estate received $0.997 billion, accounting for 10.2% of the total, and the flows were mainly concentrated in the United Kingdom; Mining received $0.873 billion, accounting for 48.9% of the total, and the flows were mainly concentrated in the Netherlands, Luxembourg, Belgium, etc.; Finance received $0.848 billion, accounting for 8.7% of the total, and the flows were mainly concentrated in Britain, Luxembourg, Germany, France, Denmark, Hungary, etc.; Wholesale and retail trade received $0.77 billion, accounting for 7.9% of the total, and the flows were mainly concentrated in the Netherlands, Germany, Luxembourg, the United Kingdom, Belgium, etc.

By the end of 2014, China's outward FDI stock in the European Union had reached $54.21 billion, accounting for 6.1% of the total and 78.1% of its outward FDI stock in Europe. Six individual countries had received more than $3 billion outward FDI stock, namely, Luxembourg, the United Kingdom, France, Germany, the Netherlands, and Sweden. In terms of industrial distribution, leasing and business services had received $14.903 billion, accounting for 27.5% of the total, and the stock had been mainly concentrated in Luxembourg, United Kingdom, Netherlands, Germany, Ireland, etc. Finance had received $12.757 billion, accounting for 23.5% of the total, and the stock had been mainly concentrated on United Kingdom, France, Luxembourg, Germany, the Netherlands, Italy, Denmark, etc. Manufacturing had received $8.774 billion, accounting for 16.2% of the total, and the stock had been mainly concentrated in Germany, Sweden, the United Kingdom, the Netherlands, France, Italy, Luxembourg, Hungary, Austria, Poland, Spain, etc. Mining had received $5.102 billion, accounting for 9.4% of the total, and the stock had been mainly concentrated in France, Luxembourg, the Netherlands, Belgium, United Kingdom, etc. Wholesale and retail trade had received $4.972 billion, accounting for 9.2% of the total, and the stock had been mainly concentrated in The Netherlands, Britain, Germany, Sweden, Luxembourg, Italy, etc. Real estate received $2.384 billion, accounting for 4.4% of the total, and the flows were mainly concentrated in the United Kingdom; Transportation, storage and postal service had received $1.247 billion, accounting for 2.3% of the total, and the stock had been mainly concentrated in United Kingdom, Germany, Belgium, etc. The share of construction, scientific research and technical services, and production and supply of electricity, heat, gas and water had reached 1.9%, 1.7% and 1.4%, respectively.

By the end of 2014, China had established almost 2000 FDI enterprises in the European Union, and the enterprises had spread in 28 member countries and hired 73,900 local employees.

Chart 20 Industrial Distribution of China's Outward FDI to the European Union, 2014

(Millions of Dollars)

Industry	Flows	Share (%)	Stock	Share (%)
Leasing and Business Services	4,230.41	43.2	14,903.29	27.5
Finance	848.12	8.7	12,757.14	23.5
Manufacturing	1,285.84	13.1	8,774.39	16.2
Mining	872.78	8.9	5,102.05	9.4
Wholesale and Retail Trade	769.90	7.9	4,971.50	9.2
Real Estate	996.97	10.2	2,383.98	4.4
Transportation, Storage and Postal Service	44.55	0.5	1,247.16	2.3
Construction	40.74	0.4	1,015.09	1.9
Scientific Research and Technical Services	243.18	2.5	956.31	1.7
Production and Supply of Electricity, Heat, Gas and Water	39.48	0.4	752.12	1.4
Hospitality and Catering	28.84	0.3	364.93	0.7
Agriculture, Forestry, Animal Husbandry and Fishery	167.57	1.7	403.64	0.7
Resident Services, Repairs and Other Services	176.45	1.8	269.96	0.5
Education	1.00	–	96.96	0.2
Information Transmission, Software and IT Services	15.35	0.2	151.95	0.3
Culture, Sports and Entertainment	23.69	0.2	56.48	0.1
Others	2.29	–	3.45	–
Total	**9,787.16**	**100.0**	**54,210.40**	**100.0**

3.3 China's Outward FDI to ASEAN

In 2014, China's outward FDI flows to ASEAN stood at $7.809 billion, with a year-on-year increase of 7.5%, accounting for 6.3% of the total and 9.2% of its outward FDI flows to Asia; China's outward FDI stockin ASEAN had reached $47.633 billion, accounting for 5.4% of the total and 7.9% of its outward FDI in Asia. By the end of 2014, China had established more than 3,300 FDI enterprises and hired 159,500 local employees in ASEAN.

In 2014, the industrial structure of China's outward FDI to ASEAN was as follows: Manufacturing received $1.522 billion, with a year-on-year increase of 28% accounting for 19.5% of the total, and the flows were mainly distributed in Indonesia, Singapore, Thailand, Vietnam, Cambodia, etc. Leasing and business services received $1.239 billion, accounting for 15.9% of the total, and the flows were mainly distributed in Singapore, Laos, etc. Wholesale and retail trade received $1.118 billion, accounting for 14.3% of the total, and the flows were mainly distributed in Singapore, Philippines, Indonesia, Thailand, etc. Construction received $0797 billion, accounting for 10.2% of the total, and the flows were mainly distributed in Laos, Singapore, Cambodia, Malaysia, Indonesia, etc. Agriculture, forestry, animal husbandry and fishery received $0.783 billion, accounting for 10% of the total, and the flows were mainly distributed in Indonesia, Laos, Cambodia, etc. mining received $0.674 billion, accounting for 8.6% of the total, and the flows were mainly distributed in Myanmar, Indonesia, etc. Finance received $0.673 billion, accounting for 8.6% of the total, and the flows were mainly distributed in Thailand, Malaysia, the Philippines, Cambodia, etc. Production and supply of electricity, heat, gas and water received $0.646 billion, accounting for 8.3% of the total.

In terms of industrial structure of China's outward FDI stock in ASEAN in 2014, production and supply of electricity, heat, gas and water had received $7.226 billion, accounting for 15.2% of the total, and the stock had been mainly distributed in Singapore, Myanmar, Cambodia, Indonesia, Laos, etc. Leasing and business services had received $6.843 billion, accounting for 14.4% of the total, and the stock had been mainly distributed in Singapore, Malaysia, Laos, Vietnam, Thailand, etc. Manufacturing had received $6.133 billion, accounting for 12.9% of the total. The outward FDI stock in manufacturing had been most widely spread in terms of the number of ASEAN countries involved. Manufacturing in the following countries had received over $0.1 billion FDI stock: Vietnam ($1.403 billion),Thailand ($1.035 billion), Indonesia ($0.985 billion), Singapore ($0.741 billion), Cambodia ($0.701 billion), Malaysia ($0.542 billion), Laos ($0.442 billion), Philippines ($0.147 billion), and Myanmar ($0.129 billion). Mining had received $6.053 billion, accounting for 12.7% of the total, and the stock had been mainly distributed in Indonesia, Myanmar, Laos, Singapore, Thailand, Cambodia, Philippines, etc. Wholesale and retail trade had received $5.9 billion, accounting for 12.4% of the total, and the stock had been mainly distributed in Singapore, Indonesia, Thailand, Vietnam, Philippines, Malaysia, etc. Finance had received $5.879 billion, accounting for 12.3% of the total, and the stock had been mainly distributed in Singapore, Thailand, Indonesia, Malaysia, Philippines, etc. Construction had received $3.362 billion, accounting for 7% of the total, and the stock had been mainly distributed in Laos, Cambodia, Singapore, Malaysia, Vietnam, Indonesia, Thailand, etc. Agriculture, forestry, animal husbandry and fishery had received $2.444 billion, accounting for 5.1% of the total, and the stock had been distributed in Laos, Indonesia, Cambodia, Singapore, Thailand, Vietnam, Myanmar, etc. Transportation, storage and postal service had received $1.468 billion, accounting for 3.1% of the total, and the stock had been mainly distributed in Singapore, Thailand, etc. Real estate had accounted for 2.4% of the total, and the stock had been mainly distributed in Singapore; the shares of scientific research and technical services, information transmission, software and IT services, resident services and other services, and hospitality and catering had reached 1.4%, 0.3%, 0.3% and 0.2%, respectively.

Chart 21 Industrial Distribution of China's Outward FDI to ASEAN, 2014

(Millions of Dollars)

Industry	Flows	Share (%)	Stock	Share (%)
Production and Supply of Electricity, Heat, Gas and Water	646.04	8.3	7,225.91	15.2
Mining	674.24	8.6	6,052.97	12.7
Leasing and Business Services	1,239.08	15.9	6,842.83	14.4
Manufacturing	1,522.13	19.5	6,132.66	12.9
Wholesale and Retail Trade	1,117.76	14.3	5,899.80	12.4
Finance	672.54	8.6	5,879.37	12.3
Construction	797.26	10.2	3,362.13	7.0
Agriculture, Forestry, Animal Husbandry and Fishery	783.46	10.0	2,444.19	5.1
Transportation, Storage and Postal Service	111.27	1.4	1,468.34	3.1
Real Estate	241.52	3.1	1,168.12	2.4
Scientific Research and Technical Services	22.97	0.3	662.25	1.4
Information Transmission, Software and IT Services	-84.81	-1.0	170.15	0.3
Resident Services, Repairs and Other Services	52.34	0.7	133.49	0.3
Hospitality and Catering	3.67	–	86.33	0.2
Culture, Sports and Entertainments	9.80	0.1	35.71	0.1
Water Conservancy, Environment and Public Facility Management	–	–	32.97	0.1
Educations	–	–	35.23	0.1
Others	–	–	0.08	–
Total	**7,809.27**	**100.0**	**47,632.53**	**100.0**

Chart 20 China's Outward FDI Stock in Ten ASEAN Countries, by the End of 2014 (Millions of Dollars)

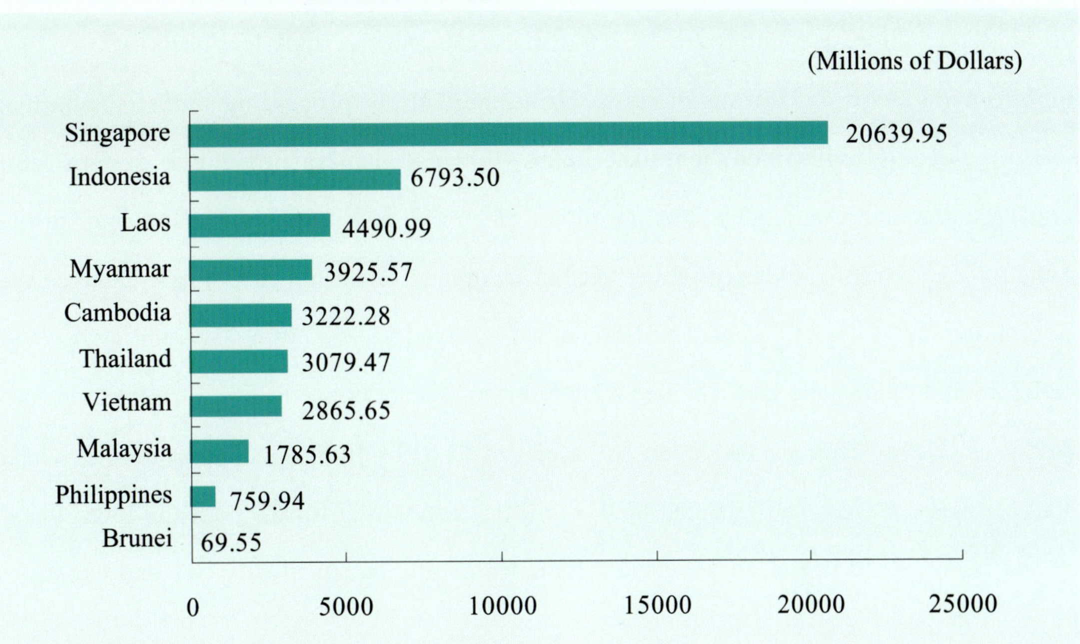

3.4 China's Outward FDI to the United States

In 2014, China's outward FDI flows to the United Stated stood at $7.596 billion, increased by 96.1% compared to the previous year, accounting for 6.2% of the total, with an increase of 2.6 percentage points compared to the previous year and achieved a historical high. By the end of 2014, China's outward FDI stock in the United States had reached $38.011 billion, accounting for 4.3% of the total. The overseas enterprises had hired 46,500 local employees in the United States, increased by 16,500 compared to the previous year.

In 2014, China's outward FDI to the United States was widely spread, with three industries each receiving more than $1 billion FDI flows. The highest was manufacturing, which received $1.804 billion, with a year-on-year increase of 109.3% and accounting for 23.7% of the total; second was real estate, which received $1.647 billion, with a year-on-year increase of 82.6% and accounting for 21.7% of the total; the third was mining, which received $1.362 billion, with a year-on-year decrease of 14.6% and accounting for 17.9% of the total; finance received $0.654 and accounted for 8.6%;leasing and business services received $0.568 billion, accounting for 7.5% of the total; wholesale and retail trade received $0.53 billion, accounting for 7% of the total; scientific research and technical services received $0.224 billion, accounting for 3% of the total; water conservancy, environment and public facility management received $0.18 billion, accounting for 2.4% of the total.

In terms of industrial distribution of China's outward FDI stock in the United States, finance well topped other industries and had received $14.747 billion, accounting for 38.8% of the total; manufacturing had received $6.54 billion, accounting for 17.2% of the total, and the stock had been mainly concentrated in automobile manufacturing, ferrous metal smelting and rolling processing industry, pharmaceutical manufacturing, special equipment manufacturing, fabricated metal products, general equipment manufacturing, computer, communications and other electronic equipment manufacturing, ferrous metal smelting and rolling processing industry, rubber and plastic products industry, etc.; mining had received $4.442 billion, accounting for 11.7% of the total; real estate had received $2.959 billion, accounting for 7.8% of the total; wholesale and retail trade had received $2.599 billion, accounting for 6.8% of the total; production and supply of electricity, heat, gas and water had received $2.019 billion, accounting for 5.3% of the total; leasing and business services had received $1.416 billion, accounting for 3.7% of the total; the shares of transportation, storage and postal service, scientific research and technical services, and construction had reached 1.7%, 1.6% and1.5%, respectively.

Chart 22 Industrial Distribution of China's Outward FDI to the United States, 2014

(Millions of Dollars)

Industry	Flows	Share (%)	Stock	Share (%)
Finance	653.74	8.6	14,746.63	38.8
Manufacturing	1,803.89	23.7	6,540.54	17.2
Mining	1,362.01	17.9	4,441.64	11.7
Real Estate	1,646.98	21.7	2,959.25	7.8
Wholesale and Retail Trade	530.04	7.0	2,598.98	6.8
Production and Supply of Electricity, Heat, Gas and Water	31.51	0.4	2,018.63	5.3
Leasing and Business Services	568.47	7.5	1,416.35	3.7
Transportation, Storage and Postal Service	21.78	0.3	658.94	1.7
Scientific Research and Technical Services	224.45	3.0	592.31	1.6
Construction	170.13	2.2	581.87	1.5
Water Conservancy, Environment and Public Facility Management	179.96	2.4	342.42	0.9
Resident Services, Repairs and Other Services	84.80	1.1	289.18	0.8
Hospitality and Catering	122.18	1.6	264.62	0.7
Information Transmission, Software and IT Services	93.32	1.2	239.13	0.6
Culture, Sports and Entertainment	68.80	0.9	154.61	0.4
Agriculture, Forestry, Animal Husbandry and Fishery	21.99	0.3	113.89	0.3
Education	11.88	0.2	31.42	0.1
Others	0.20	–	20.56	0.1
Total	**7,596.13**	**100.0**	**38,010.97**	**100.0**

3.5 China's Outward FDI to Australia

In 2014, China's outward FDI flows to Australia stood at $4.049 billion, with a year-on-year increase of 17.1% and accounting for 3.3% of the total flows. The flows were mainly concentrated in the following industries: mining received $3.085 billion, accounting for 76.2% of the total; real estate received $0.354 billion, accounting for 8.7% of the total; leasing and business services received $0.2 billion, accounting for 4.9% of the total; wholesale and retail trade received $0.092 billion, accounting for 2.3% of the total; the shares of manufacturing, agriculture, forestry, animal husbandry and fishery and finance reached 2.2%, 1.8% and 1.5%, respectively.

By the end of 2014, China's outward FDI stock in Australia had reached $23.882 billion, accounting for 2.7% of the total and 92.3% of its outward FDI stock in Oceania. China had established almost 600 overseas enterprises and hired more than 8400 local employees in Australia. In terms of industrial distribution of China's outward FDI stock in Australia, mining had received $16.627 billion, accounting for 69.6% of the total; real estate had received $1.816 billion, accounting for 7.6% of the total; finance had received $1.735 billion, accounting for 7.3% of the total; manufacturing had received $0.808 billion, accounting for 3.4% of the total; leasing and business services had received $0.79 billion, accounting for 3.3% of the total; wholesale and retail trade had received $0.722 billion, accounting for 3% of the total; agriculture, forestry, animal husbandry and fishery had received $0.353 billion, accounting for 1.5% of the total.

Chart 23 Industrial Distribution of China's Outward FDI to Australia, 2014

(Millions of Dollars)

Industry	Flows	Share (%)	Stock	Share (%)
Mining	3,085.23	76.2	16,627.25	69.6
Real Estate	353.98	8.7	1,815.96	7.6
Finance	61.04	1.5	1,735.26	7.3
Manufacturing	88.37	2.2	807.67	3.4
Leasing and Business Services	200.12	4.9	790.19	3.3
Wholesale and Retail Trade	92.45	2.3	722.62	3.0
Agriculture, Forestry, Animal Husbandry and Fishery	74.81	1.8	352.80	1.5
Water Conservancy, Environment and Public Facility Management	–	–	332.34	1.4
Production and Supply of Electricity, Heat, Gas and Water	18.77	0.5	203.55	0.9
Resident Services, Repairs and Other Services	19.83	0.5	163.81	0.7
Construction	42.55	1.1	133.85	0.5
Scientific Research and Technical Services	-11.81	-0.3	102.63	0.4
Transportation, Storage and Postal Service	4.27	0.1	69.61	0.3
Hospitality and Catering	15.99	0.4	18.04	0.1
Others	3.50	0.1	6.68	—
Total	**4,049.10**	**100.0**	**23,882.26**	**100.0**

3.6 China's Outward FDI to Russia

In 2014, China's outward FDI flows to Russia stood at $0.634 billion, with a year-on-year decrease of 308%, accounting for 0.5% of the total and 5.8% of its outward FDI flows to Europe. In terms of industrial distribution, the flows were mainly concentrated in manufacturing (19.5%), leasing and business services (15.9%), wholesale and retail trade (14.3%), construction (10.2%), agriculture, forestry, animal husbandry and fishery (10%), mining (8.6%), finance (8.6%).

By the end of 2014, China's outward FDI stock in Russia had reached $8.695 billion, accounting for 1% of the total and 12.5% of its outward FDI stock in Europe. China had established over 1000 overseas enterprises and hired 15,100 local employees in Russia. In terms of industrial distribution of China's outward FDI stock in Russia, manufacturing had received $2.748 billion, accounting for 31.6% of the total; agriculture, forestry, animal husbandry and fishery had received $2.1 billion, accounting for 24.1% of the total; leasing and business services had received $0.979 billion, accounting for 11.3% of the total; mining had received $0.796 billion, accounting for 9.2% of the total; finance had received $0.762 billion, accounting for 8.8% of the total; real estate had received $0.566 billion, accounting for 6.5% of the total; finance had received $0.762 billion, accounting for 8.8% of the total; wholesale and retail trade had received $0.375 billion, accounting for 4.3% of the total; construction had received $0.275 billion, accounting for 3.2% of the total;

Chart 24 Industrial Distribution of China's outward FDI to Russia, 2014

(Millions of Dollars)

Industry	Flows	Share (%)	Stock	Share (%)
Manufacturing	115.50	18.2	2,747.82	31.6
Agriculture, Forestry, Animal Husbandry and Fishery	352.34	55.6	2,099.70	24.1
Leasing and Business Services	22.58	3.6	979.10	11.3
Mining	82.35	13.0	795.97	9.2
Real Estate	10.75	1.7	566.38	6.5
Finance	14.84	2.3	762.42	8.8
Wholesale and Retail Trade	24.69	3.9	374.77	4.3
Construction	6.52	1.0	274.86	3.2
Resident Services, Repairs and Other Services	–	–	36.51	0.4
Information Transmission, Software and IT Services	1.05	0.2	15.86	0.2
Transportation, Storage and Postal Service	0.16	–	23.05	0.3
Scientific Research and Technical Services	1.01	0.2	9.66	0.1
Others	1.77	0.3	8.53	–
Total	**633.56**	**100.0**	**8,694.63**	**100.0**

4. Structure of China's Outward Foreign Direct Investors

By the end of 2014, the number of China's outward foreign direct investors had reached 18,500. In terms of domestic investor registration types, limited liability companies had accounted for 67.2% of the total, with an increase of 1.1 percentage points compared to the previous year, and they had been the most active group in China's outward FDI activities; private enterprises had accounted for 8.2% of the total and ranking 2nd; state-owned enterprises had accounted for 6.7% of the total, with a decrease of 1.3 percentage points compared to the previous year; the shares of incorporated companies, joint-stock cooperative enterprises, foreign-invested enterprises, Hong Kong, Macao and Taiwan-invested enterprises, the self-employed, collective enterprises and others had reached 6.7%, 2.5%, 2.6%, 1.8%, 0.9%, 0.5% and 2.9%, respectively.

Graph 21 Structure of Domestic Investors, by Registration Types, by the End of 2014

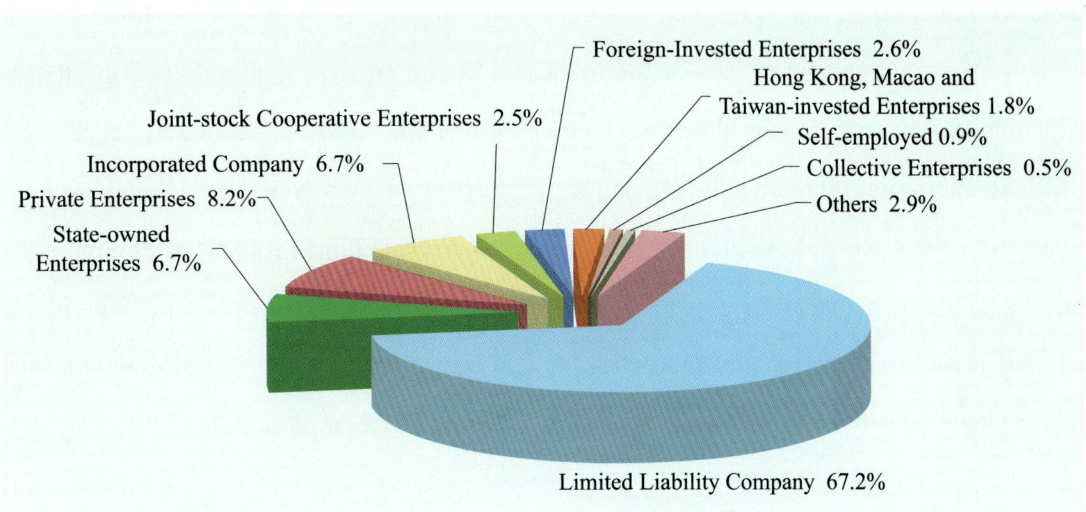

Chart 25 Domestic Investors by Registration Type, by the End of 2014

Registration Type	QTY	Share (%)
Limited Liability Companies	12,459	67.2
Private Enterprises	1,528	8.2
State-Owned Enterprises	1,240	6.7
Incorporated Companies	1,245	6.7
Joint-Stock Cooperative Enterprises	477	2.6
Foreign-Invested Enterprises	474	2.5
Hong Kong, Macao and Taiwan-Invested Enterprises	329	1.8
Self-Employed	160	0.9
Collective Enterprises	93	0.5
Others	542	2.9
Total	**18,547**	**100.0**

Among the non-financial outward foreign direct investors, the number of central enterprises and units had reached 559 and accounted for only 3%, while enterprises from provinces, autonomous regions and municipalities had taken a share of 97%. The top 10 provinces, autonomous regions and municipalities in terms of the number of domestic investors had been Guangdong, Zhejiang, Jiangsu, Shanghai, Shandong, Liaoning, Beijing, Fujian, Heilongjiang, and Tianjin, which together had accounted for 76% of the total domestic investors. Guangdong had ranked 1st, with more than 4,200 domestic investors, accounting for 23% of the total; the following had been Zhejiang, accounting for 12.5% of the total; Jiangsu had ranked 3rd, accounting for 10.6% of the total. More than half of private enterprises as outward investors had come from Guangdong, Zhejiang, Shanghai, Jiangsu, and Shandong.

In terms of industrial distribution of domestic investors, 12,900 enterprises had been distributed in wholesale and retail trade, as well as manufacturing, accounting for about 70% of the total. Among the enterprises, wholesale and retail trade had ranked 1st, accounting for 40.9% of the total; the following is manufacturing, accounted for 28.6% of the total, and the enterprises had been mainly distributed in computer, communication and other electronic equipment manufacturing, garment and decoration, textile, equipment manufacturing, fabricated metal products, electrical machinery and equipment manufacturing, chemical material and chemical product manufacturing, general equipment manufacturing, pharmaceutical manufacturing, automotive manufacturing and rubber and plastic products industry. In addition, the shares of leasing and business services, agriculture, forestry, animal husbandry and fishery, construction, mining and hospitality and catering had reached 6.2%, 3.3%, 3.1%, 2.5% and 2.4%, respectively.

Graph 22 Structure of Domestic Investors, by the End of 2014

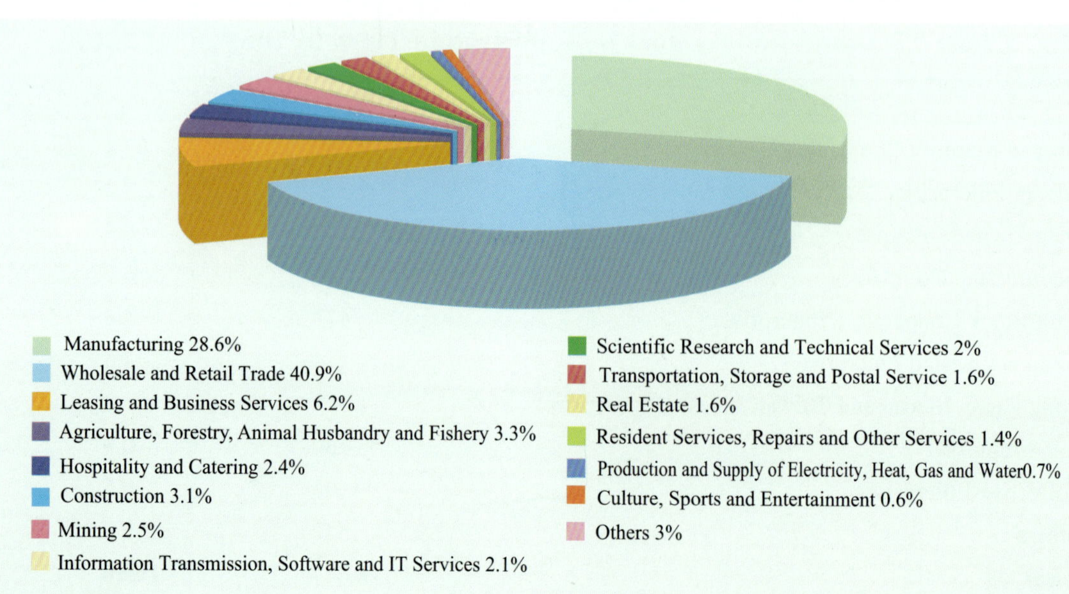

Chart 26 Structure of Domestic Investors, by the End of 2014

Industry	QTY	Share (%)
Wholesale and Retail Trade	7,579	40.9
Manufacturing	5,299	28.6
Leasing and Business Services	1,160	6.2
Agriculture, Forestry, Animal Husbandry and Fishery	607	3.3
Construction	575	3.1
Hospitality and Catering	441	2.4
Mining	480	2.5
Scientific Research and Technical Services	377	2.0
Information Transmission, Software and IT Services	394	2.1
Transportation, Storage and Postal Service	294	1.6
Real Estate	293	1.6
Resident Services, Repairs and Other Services	253	1.4
Production and Supply of Electricity, Heat, Gas and Water	136	0.7
Culture, Sports and Entertainment	109	0.6
Others	550	3.0
Total	**18,547**	**100.0**

5. Geographical and Industrial Distribution of China's FDI Enterprises

5.1 Country (region) distribution

By the end of 2014, China had established 29,700 FDI enterprises (hereinafter referred to as 'overseas enterprises') in 186 countries (regions) globally, increased by nearly 3,700 compared to the previous year. The coverage rate in Asia was as high as 97.9%. The coverage in Europe, Africa, North America, Latin America, and Oceania were 85.7%, 86.7%, 75%, 64.6%, 50%, respectively.

Chart 27 Geographical Distribution of China's FDI Enterprises, by the End of 2014

Continent	QTY of Countries (Regions) by the End of 2014	QTY of Countries (Regions) Covered by China's FDI Enterprises	Coverage Rate (%)
Asia	48	46	97.9
Europe	49	42	85.7
Africa	60	52	86.7
North America	4	3	75.0
Latin America	48	31	64.6
Oceania	24	12	50.0
Total	**233**	**186**	**79.8**

Note: 1. Coverage rate indicates the ratio between the number of countries covered by China's FDI enterprise and the number of countries in the region.

2. The quantity numbers in Asian countries include China, while the coverage rate does not.

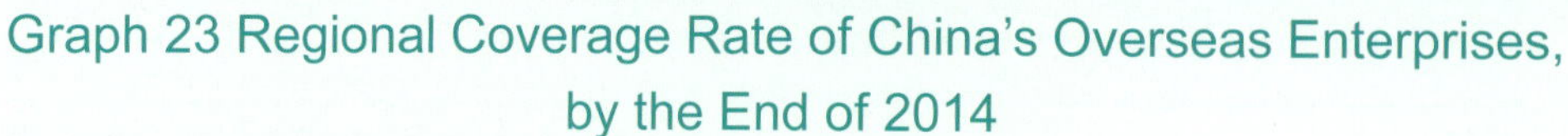

Graph 23 Regional Coverage Rate of China's Overseas Enterprises, by the End of 2014

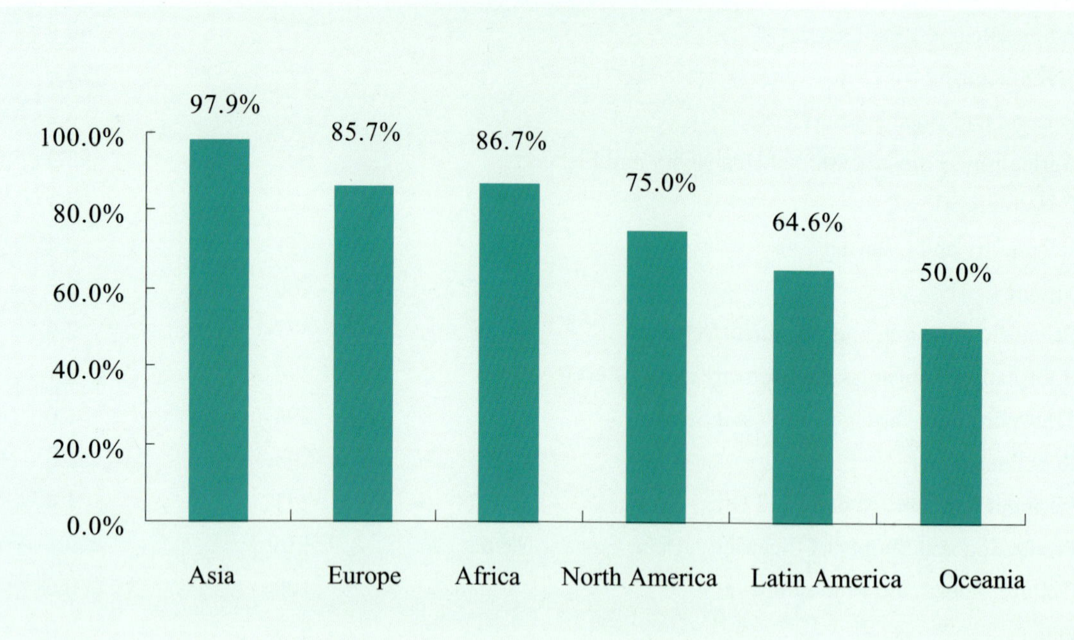

Chart 28 Countries (Regions) Without China's Overseas Enterprises, by the End of 2014

Continent	QTY	Country (Region)
Asia	1	Bhutan
Africa	8	Canary Islands, Sebo Tai, Reunion, Somalia, Melilla, Swaziland, Mayotte, Western Sahara
Europe	7	Andorra, Gibraltar, Iceland, the Vatican City State, Faroe Islands, San Marino, Monaco
Latin America	17	Aruba, Bonaire, Curacao Islands, French Guiana, Guadeloupe, Haiti, Honduras, Martinique, Montserrat, Puerto Rico, Saba, Saint Lucia, Saint Martin Islands, Turks and Caicos Islands, Saint Kitts and Nevis, Saint Pierre and Miquelon, Netherlands Antilles
North America	1	Greenland
Oceania	12	Gambier Islands, Marquesas Islands, Nauru, New Caledonia, Norfolk Island, Society Islands, Solomon Islands, Tuamotu Islands, Tubuai Islands, Tuvalu, French Polynesia, Wallis and Futuna Islands
Total	**46**	

From a country (region) perspective, China had established about 17,000 overseas enterprises in Asia, accounting for 57.1% of the total, and the enterprises had been mainly distributed in Hong Kong (China), Singapore, Japan, Vietnam, Laos, Republic of Korea, Indonesia, the United Arab Emirates, South Korea,

Cambodia, Thailand, Mongolia, Malaysia, India, etc. China had established 9,000 overseas enterprises in Hong Kong (China), accounting for 30% of the total. Hong Kong had been the most active region for China's investment and ranked 1st in terms of the number of China's overseas enterprises.

China had established over 3,800 overseas enterprises in North America, accounting for 12.7% of the total, and the enterprises had been mainly distributed in the United State and Canada. The United States had ranked 2nd after Hong Kong in terms of the number of China's overseas enterprises.

China had established over 3,300 overseas enterprises in Europe, accounting for 11.2% of the total, and the enterprises had been mainly distributed in Russia, Germany, the United Kingdom, the Netherlands, France, Italy, etc.

China had established almost 3,000 overseas enterprises in Africa, accounting for 10.6% of the total, and the enterprises had been mainly distributed in Nigeria, Zambia, South Africa, Ethiopia, Tanzania, Ghana, Kenya, Angola, Sudan, Algeria, etc.

China had established over 1,500 overseas enterprises in Latin America, accounting for 5.3% of the total, and the enterprises had been mainly distributed in the British Virgin Islands, Cayman Islands, Brazil, Mexico, Venezuela, Chile, Peru, Argentina, etc.

China had established almost 900 overseas enterprises in Oceania, accounting for 3.1% of the total, and the enterprises had been mainly distributed in Australia, New Zealand, Papua New Guinea, Fiji and Samoa.

Chart 29 Geographical Distribution of China's Overseas Enterprises, by the End of 2014

Continent	QTY of Overseas Enterprises	Share (%)
Asia	16,955	57.1
Europe	3,765	12.7
North America	3,330	11.2
Africa	3,152	10.6
Latin America	1,578	5.3
Oceania	919	3.1
Total	**29,699**	**100.0**

By the end of 2014, the top 20 countries and regions in terms of the number of China's overseas enterprises had been Hong Kong (China), the United States, Russia, Australia, Singapore, Japan, Germany, Vietnam, Laos, Virgin, Korea, Indonesia, Canada, United Arab Emirates, Cambodia, Thailand, Mongolia, the

United Kingdom, Malaysia, Nigeria. China's overseas enterprises located in the above mentioned countries and regions had totaled up to 21,000, accounting for 72.3% of the total.

Graph 24 Geographical Distribution of China's Overseas Enterprises, by the End of 2014

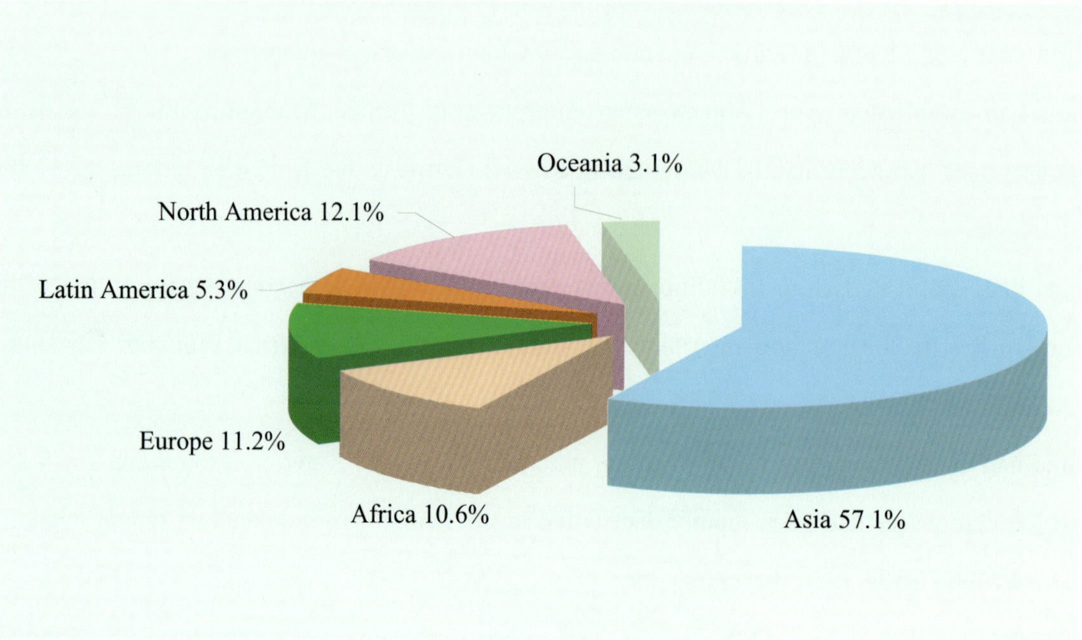

5.2 Industrial Distribution

In terms of industrial distribution of China's overseas enterprises, wholesale and retail trade, manufacturing, and leasing and business services are the most concentrated industries and the numbers of enterprises in these three industries had reached 18,800, accounting for 63.2% of the total. In these most concentrated industries, there were 8,800 enterprises in wholesale and retail trade, accounting for 29.5% of the total; 6,100 in manufacturing, accounting for 20.6%; 4,000 in leasing and business services, accounting for 13.1%. In addition, the shares of construction, mining, agriculture, forestry, animal husbandry and fishery, scientific research and technical services, information transmission software and IT services , transportation, storage and postal service, resident services, repairs and other services, finance and real estate had reached 7.3%, 5%, 4.6%, 4.1%, 2.9%, 2.8%, 2.6%, 2% and 1.9%, respectively.

Chart 30 Industrial Distribution of China's Overseas Enterprises, by the End of 2014

Industry Categories	QTY of Overseas Enterprises	Share (%)
Wholesale and Retail Trade	8,759	29.5
Manufacturing	6,105	20.6
Leasing and Business Services	3,902	13.1
Construction	2,168	7.3
Mining	1,494	5.0
Agriculture, Forestry, Animal Husbandry and Fishery	1,356	4.6
Scientific Research and Technical Services	1,226	4.1
Information Transmission, Software and IT Services	856	2.9
Transportation, Storage and Postal Service	838	2.8
Resident Services, Repairs and Other Services	764	2.6
Finance	608	2.0
Real Estate	569	1.9
Production and Supply of Electricity, Heat, Gas and Water	323	1.1
Hospitality and Catering	286	1.0
Culture, Sports and Entertainments	272	0.9
Water Conservancy, Environment and Public Facility Management	91	0.3
Education	82	0.3
Total	**29,699**	**100.0**

5.3 Provincial Distribution

In terms of the number of enterprises established overseas, local enterprises had accounted for 85%, while the share of central enterprises and units had only reached 15%. Guangdong, Zhejiang, Jiangsu, Shanghai, Shandong, Liaoning, Beijing, Fujian, Tianjin, Henan and had been the top 10 provinces (municipalities), accounting for 66.3% of the total overseas enterprises. Guangdong had established the most overseas enterprises, accounting for 17.7% of the total; the following had been Zhejiang, accounting for 11.1% of the total; Jiangsu had ranked 3rd, accounting for 9.1% of the total.

Graph 25 Overseas Enterprises Established by China's Major Provinces and Municipalities, by the End of 2014 (QTY)

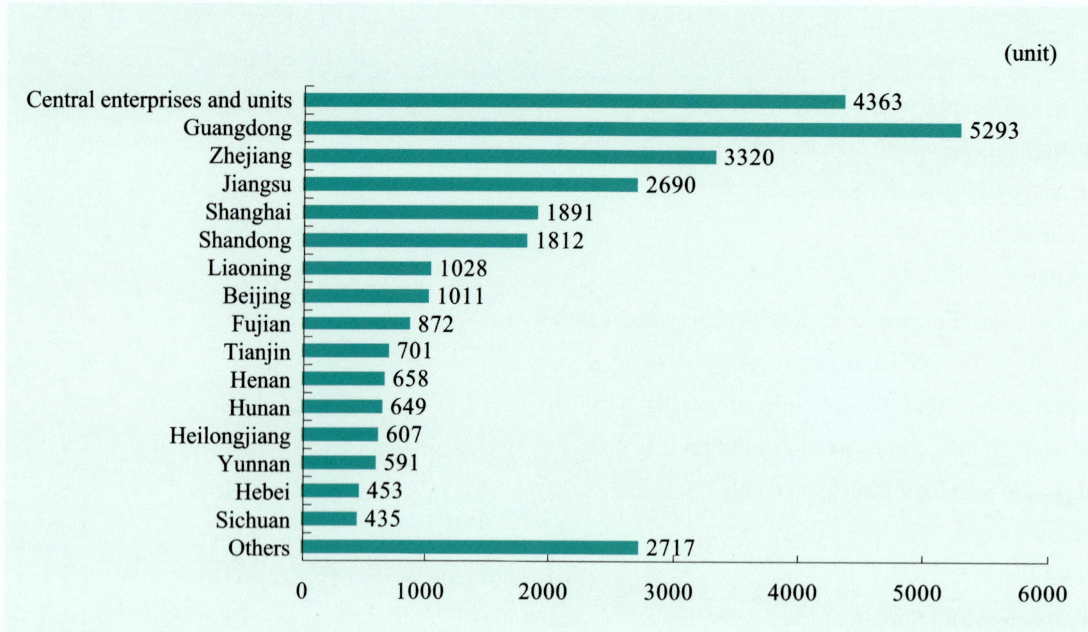

6.Statistics on China's Outward FDI

Table 1 China's outward FDI flows by country and region, 2006-2014

(millions of USD)

Country/Region	2006	2007	2008	2009	2010	2011	2012	2013	2014
Total	**17633.97**	**26506.09**	**55907.17**	**56528.99**	**68811.31**	**74654.04**	**87803.53**	**107843.71**	**123119.86**
Asia	**7,663.25**	**16,593.15**	**43,547.50**	**40,407.59**	**44,890.46**	**45,494.45**	**64,784.94**	**75,604.26**	**84,988.03**
Afghanistan	0.25	0.10	113.91	16.39	1.91	295.54	17.61	-1.22	27.92
Bahrian	-1.92	—	0.12	—	—	—	5.08	-5.34	—
Bangladesh	5.31	3.64	4.50	10.75	7.24	10.32	33.03	41.37	25.02
Brunei	—	1.18	1.82	5.81	16.53	20.11	0.99	8.52	-3.28
Cambodia	9.81	64.45	204.64	215.83	466.51	566.02	559.66	499.33	438.27
Cyprus	—	0.30	—	—	—	89.54	3.48	76.34	—
Hong Kong	6,930.96	13,732.35	38,640.30	35,600.57	38,505.21	35,654.84	51,238.44	62,823.78	70,867.30
India	5.61	22.02	101.88	-24.88	47.61	180.08	276.81	148.57	317.18
Indonesia	56.94	99.09	173.98	226.09	201.31	592.19	1,361.29	1,563.38	1,271.98
Iran	65.78	11.42	-34.53	124.83	511.00	615.56	702.14	745.27	592.86
Iraq	0.35	0.36	-1.66	1.79	48.14	122.44	148.40	20.02	82.86
Israel	1.00	2.22	-1.00	—	10.50	2.01	11.58	1.89	52.58
Japan	39.49	39.03	58.62	84.10	337.99	149.42	210.65	434.05	394.45
Jordan	-6.18	0.60	-1.63	0.11	0.07	0.18	9.83	0.77	6.74
Kazakhstan	46.00	279.92	496.43	66.81	36.06	581.60	2,995.99	811.49	-40.07
Korea, DPR	11.06	18.40	41.23	5.86	12.14	55.95	109.46	86.20	51.94
Korea, Rep.	27.32	56.67	96.91	265.12	-721.68	341.72	942.40	268.75	548.87
Kuwait	4.06	-6.25	2.44	2.92	22.86	42.00	-11.88	-0.59	161.91
Kyrgyzstan	27.64	14.99	7.06	136.91	82.47	145.07	161.40	203.39	107.83
Lao PDR	48.04	154.35	87.00	203.24	313.55	458.52	808.82	781.48	1,026.90
Lebanon	—	—	—	—	0.42	—	—	0.68	0.09
Macau	-42.51	47.31	643.38	456.34	96.04	202.88	16.60	394.77	596.10
Malaysia	7.51	-32.82	34.43	53.78	163.54	95.13	199.04	616.38	521.34
Maldives	—	—	—	—	—	—	—	1.55	0.72
Mongolia	82.39	196.27	238.61	276.54	193.86	451.04	904.03	388.79	502.61
Myanmar	12.64	92.31	232.53	376.70	875.61	217.82	748.96	475.33	343.13
Nepal, FDR	0.32	0.99	0.01	1.18	0.86	8.58	7.65	36.97	45.04
Oman	26.68	2.59	-22.95	-6.24	11.03	9.51	3.37	-0.74	15.16
Pakistan	-62.07	910.63	265.37	76.75	331.35	333.28	88.93	163.57	1,014.26
Palestine	—	—	—	—	—	—	0.02	0.02	—

Note: Data for 2006 include only non-financial outward FDI flows.

Table 1 Continued 1

(millions of USD)

Country/Region	2006	2007	2008	2009	2010	2011	2012	2013	2014
Philippines	9.30	4.50	33.69	40.24	244.09	267.19	74.90	54.40	224.95
Qatar	3.52	9.81	10.00	-3.74	11.14	38.59	84.46	87.47	35.79
Saudi Arabia	117.20	117.96	88.39	90.23	36.48	122.56	153.67	478.82	184.30
Singapore	132.15	397.73	1,550.95	1,414.25	1,118.50	3,268.96	1,518.75	2,032.67	2,813.63
Sri Lanka	0.25	-1.52	9.04	-1.40	28.21	81.23	16.75	71.77	85.11
Syria	0.13	-11.26	-1.17	3.43	8.12	-2.08	-6.07	-8.05	9.55
Taiwan Prov	-0.03	-0.05	-0.06	0.04	17.35	11.08	112.88	176.67	183.70
Tajikistan	6.98	67.93	26.58	16.67	15.42	22.10	234.11	72.33	107.20
Thailand	15.84	76.41	45.47	49.77	699.87	230.11	478.60	755.19	839.46
Timor-Leste	—	—	—	—	—	—	—	1.60	9.73
Turkey	1.15	1.61	9.10	293.26	7.82	13.50	108.95	178.55	104.97
Turkmenistan	-0.04	1.26	86.71	119.68	450.51	-383.04	12.34	-32.43	195.15
United Arab Emirates	28.12	49.15	127.38	88.90	348.83	314.58	105.11	294.58	705.34
Uzbekistan	1.07	13.15	39.37	4.93	-4.63	88.25	-26.79	44.17	180.59
Viet Nam	43.52	110.88	119.84	112.39	305.13	189.19	349.43	480.50	332.89
Yemen	7.61	43.47	18.81	1.64	31.49	-9.12	14.07	331.25	5.96
Africa	**519.86**	**1,574.31**	**5,490.55**	**1,438.87**	**2,111.99**	**3,173.14**	**2,516.66**	**3,370.64**	**3,201.92**
Algeria	98.93	145.92	42.25	228.76	186.00	114.34	245.88	191.30	665.71
Angola	22.39	41.19	-9.57	8.31	101.11	72.72	392.08	224.05	-448.57
Benin	—	6.32	14.56	0.09	1.76	0.75	5.06	8.44	7.44
Botswana	2.76	1.87	14.06	18.44	43.85	21.86	21.10	10.19	52.95
Burkina Faso	—	—	—	—	—	—	—	4.34	4.45
Burundi	—	—	—	0.69	—	—	1.50	1.09	3.45
Cameroon	0.73	2.05	1.69	0.82	14.88	1.87	17.65	57.20	29.74
Cape Verde	0.23	0.09	0.48	—	-0.46	—	—	0.13	0.10
Central African	—	—	—	—	25.81	2.48	—	1.30	182.24
Chad	1.61	0.75	9.47	51.21	2.13	-12.48	80.68	120.95	83.12
Comoros	—	—	—	—	-0.01	—	0.50	—	—
Congo	13.24	2.50	9.79	28.07	34.38	6.81	98.80	109.94	238.60
Congo,DR	36.73	57.27	23.99	227.16	236.19	75.18	344.17	121.27	157.56
Cote d'lvoire	-2.91	1.74	-7.02	1.51	-5.02	0.87	3.61	-4.79	24.26
Djibouti	—	1.00	—	3.40	4.23	5.66	—	2.00	9.53
Egypt	8.85	24.98	14.57	133.86	51.65	66.45	119.41	23.22	162.87
Equatorial Guinea	10.19	12.82	-4.86	20.88	22.08	12.47	138.84	22.41	33.13
Eritrea	0.01	0.45	-0.49	0.23	2.94	3.30	1.96	0.90	1.29
Ethiopia	23.95	13.28	9.71	74.29	58.53	72.30	121.56	102.46	119.59
Gabon	5.53	3.31	32.05	11.88	23.44	1.93	30.69	32.10	25.56
Gambia	—	—	—	—	—	—	—	—	0.05
Ghana	0.50	1.85	10.99	49.35	55.98	40.07	208.49	122.51	72.90

Table 1 Continued 2

(millions of USD)

Country/Region	2006	2007	2008	2009	2010	2011	2012	2013	2014
Guinea	0.75	13.20	8.32	26.98	9.74	24.55	64.44	100.13	67.70
Guinea-Bissau	—	—	—	—	—	—	—	—	1.72
Kenya	0.18	8.90	23.23	28.12	101.22	68.17	78.73	230.54	278.39
Lesotho	—	—	0.62	0.10	0.56	0.03	0.21	—	0.46
Liberia	-7.03	—	2.56	1.12	29.89	21.09	12.00	30.34	40.11
Libyan Arab Jamahiriya	-8.51	42.26	10.54	-38.55	-10.50	47.88	-6.68	0.45	0.13
Madagascar	1.17	13.24	61.16	42.56	33.58	23.10	8.43	15.51	36.76
Malawi	—	0.20	5.44	—	9.86	1.20	10.33	8.25	3.40
Mali	2.60	6.72	-1.28	7.99	3.05	47.58	44.42	108.01	23.39
Mauritania	4.78	-4.98	-0.65	6.53	5.77	19.69	30.87	15.27	-7.33
Mauritius	16.59	15.58	34.44	14.12	22.01	419.46	57.83	61.07	49.43
Morocco	1.78	2.64	6.88	16.42	1.75	9.11	1.05	7.74	11.44
Mozambique	—	10.03	5.85	15.85	0.28	20.26	230.52	131.89	102.51
Namibia	0.85	0.91	7.59	11.62	5.51	5.04	25.12	7.05	8.02
Niger	7.94	100.83	-0.01	39.87	196.25	51.63	-195.94	116.54	-44.61
Nigeria	67.79	390.35	162.56	171.86	184.89	197.42	333.05	209.13	199.77
Republic of South Sudan	—	—	—	—	—	0.05	7.80	11.49	-6.82
Rwanda	2.99	-0.41	12.88	8.62	12.72	9.69	5.02	-5.94	14.94
Sao Tome and Principe	—	—	—	—	0.02	—	0.07	—	—
Senegal	—	0.24	3.60	11.04	18.96	0.19	4.47	10.44	7.06
Seychelles	0.06	0.09	0.05	0.36	12.28	4.34	53.40	17.69	7.56
Sierra Leone	3.71	2.85	11.42	0.90	—	10.75	7.69	40.03	4.92
South Africa	40.74	454.41	4,807.86	41.59	411.17	-14.17	-814.91	-89.19	42.09
Sudan	50.79	65.40	-63.14	19.30	30.96	911.86	-1.69	140.91	174.07
Tanzania	12.54	-3.82	18.22	21.58	25.72	53.12	119.70	150.64	166.61
Togo	4.58	2.70	4.20	8.91	11.77	9.04	20.59	23.59	6.99
Tunisia	1.73	-0.34	—	-1.30	-0.29	3.76	-0.65	7.06	0.71
Uganda	0.23	4.01	-6.70	1.29	26.50	9.91	9.79	60.60	60.50
Zambia	87.44	119.34	213.97	111.80	75.05	291.78	291.55	292.86	424.85
Zimbabwe	3.42	12.57	-0.72	11.24	33.80	440.03	287.47	517.53	101.18
Europe	**597.71**	**1,540.43**	**875.79**	**3,352.72**	**6,760.19**	**8,251.08**	**7,035.09**	**5,948.53**	**10,837.91**
Albania	0.01	—	—	—	0.08	—	—	0.56	—
Austria	0.04	0.08	—	—	0.46	20.22	53.43	0.15	43.71
Azerbai jan	3.94	-1.15	-0.66	1.73	0.37	17.68	0.34	-4.43	16.83
Belarus	—	—	2.10	2.10	19.22	8.67	43.50	27.18	63.72
Belgium	0.13	4.91	—	23.62	45.33	35.90	98.40	25.78	153.28
Bosnia and Hercegovina	—	—	—	1.51	0.06	0.04	0.06	—	—

Table 1 Continued 3

(millions of USD)

Country/Region	2006	2007	2008	2009	2010	2011	2012	2013	2014
Bulgaria	—	—	—	-2.43	16.29	53.90	54.17	20.69	20.42
Croatia	—	1.20	—	0.26	0.03	0.05	0.05	—	3.55
Czech Republic	9.10	4.97	12.79	15.60	2.11	8.84	18.02	17.84	2.46
Denmark	-58.91	0.27	1.33	2.64	1.61	5.89	5.14	27.39	57.23
Finland	—	0.01	2.66	1.11	18.04	1.56	1.36	8.52	10.42
France	5.60	9.62	31.05	45.19	26.41	3,482.32	153.93	260.44	405.54
Georgia	9.94	8.21	10.00	7.78	40.57	0.80	68.74	109.62	224.35
Germany	76.72	238.66	183.41	179.21	412.35	512.38	799.33	910.81	1,438.92
Greece	—	0.03	0.12	—	—	0.43	0.88	1.90	—
Hungary	0.37	8.63	2.15	8.21	370.10	11.61	41.40	25.67	34.02
Iceland	—	—	—	—	-0.05	—	—	—	—
Ireland	25.29	0.20	42.33	-0.95	32.88	16.93	48.88	117.02	37.11
Italy	7.63	8.10	5.00	46.05	13.27	224.83	118.58	31.26	113.02
Latvia	—	-1.74	—	-0.03	—	—	—	—	—
Liechtenstein	—	0.28	—	0.07	3.55	—	—	—	3.63
Lithuania	—	—	—	—	—	—	1.00	5.51	—
Luxembourg	—	4.19	42.13	2,270.49	3,207.19	1,265.00	1,133.01	1,275.21	4,578.37
Macedonia	—	—	—	—	—	—	5.15	14.94	3.87
Malta	0.10	-0.10	0.47	0.22	-2.37	0.27	—	0.12	1.93
Netherlands	5.31	106.75	91.97	101.45	64.53	167.86	442.45	238.42	1,029.97
Norway	—	—	—	—	—	—	0.06	—	—
Poland	—	11.75	10.70	10.37	16.74	48.66	7.50	18.34	44.17
Portugal	0.14	3.60	0.09	3.60	134.73	18.57	8.49	196.29	58.60
Romania	9.63	6.80	11.98	5.29	10.84	0.30	25.41	2.17	42.25
Russian Federation	452.11	477.61	395.23	348.22	567.72	715.81	784.62	1,022.25	633.56
Serbia	—	—	—	—	2.10	0.21	2.10	11.50	11.69
Slovakia	—	—	—	0.26	0.46	5.94	2.19	0.33	45.66
Spain	7.30	6.09	1.16	59.86	29.26	139.74	46.24	-145.75	92.35
Sweden	5.30	68.06	10.66	8.10	1,367.23	49.01	285.22	170.82	130.01
Switzerland	1.01	1.21	0.01	20.99	27.25	17.19	8.64	128.26	33.64
Ukraine	1.83	5.65	2.41	0.03	1.50	0.77	2.07	10.14	4.72
United Kingdom	35.12	566.54	16.71	192.17	330.33	1,419.70	2,774.73	1,419.58	1,498.90
Latin America	**8,468.74**	**4,902.41**	**3,677.25**	**7,327.90**	**10,538.27**	**11,935.82**	**6,169.74**	**14,358.95**	**10,547.39**
Argentina	6.22	136.69	10.82	-22.82	27.23	185.15	743.25	221.41	269.92
Antigua & Barbuda	—	—	—	—	—	1.01	—	—	—
Bahamas	2.72	38.99	-55.91	1.00	—	—	—	—	—
Barbados	1.85	0.41	0.82	0.87	-2.11	—	0.81	0.92	-1.67
Belize	—	—	0.06	—	-0.08	—	—	0.35	0.35

Table 1 Continued 4

(millions of USD)

Country/Region	2006	2007	2008	2009	2010	2011	2012	2013	2014
Bolivia	18.00	1.97	4.14	18.01	3.06	8.67	43.21	14.40	24.53
Brazil	10.09	51.13	22.38	116.27	487.46	126.40	194.10	310.93	730.00
Cayman Islands	7832.72	2,601.59	1,524.01	5,366.30	3,496.13	4,936.46	827.43	9,253.40	4,191.72
Chile	6.58	3.83	0.93	7.78	33.71	13.99	26.22	11.79	16.29
Colombia	-3.36	0.22	6.76	5.74	6.94	33.25	83.51	17.93	183.10
Costa Rica	—	—	—	—	0.08	0.01	—	1.17	-0.19
Cuba	30.37	6.58	5.56	12.93	-16.35	76.71	-5.57	-24.37	-22.22
Dominica	—	—	—	—	—	0.50	—	0.30	—
Dominican	—	—	0.06	0.06	—	—	—	—	—
Ecuador	2.46	3.58	-9.42	17.90	22.06	-35.06	311.39	470.60	137.81
Grenada	—	—	0.12	—	—	—	—	—	—
Guatemala	—	—	—	—	—	—	—	—	0.63
Guyana	—	60.00	—	—	28.37	0.20	98.84	35.00	4.08
Honduras	—	-4.38	-0.90	—	—	—	—	—	—
Jamaica	—	—	2.14	—	2.21	35.45	35.86	4.74	111.32
Mexico	-3.69	17.16	5.63	—	26.73	41.54	100.42	49.73	140.57
Nicaragua	—	—	—	—	—	—	—	2.17	1.01
Panama	—	8.33	6.52	13.69	26.06	1.16	0.72	187.68	4.81
Paraguay	—	—	3.00	6.47	27.83	5.57	1.42	0.18	—
Peru	5.40	6.71	24.55	58.49	139.03	214.25	-49.37	114.60	45.07
St. Vincent and Grenadines	2.91	5.88	9.46	-9.46	9.05	—	—	—	3.32
Suriname	—	17.57	2.42	1.10	6.35	—	-33.23	29.00	-16.90
Trinidad and Tobago	—	—	—	—	—	0.10	0.19	0.23	36.25
Uruguay	—	0.48	—	4.98	0.36	0.36	9.50	9.67	1.08
Venezuela	18.36	69.53	9.78	115.72	94.39	81.77	1,541.76	425.56	116.08
Virgin Islands, British	538.11	1,876.14	2,104.33	1,612.05	6,119.76	6,208.33	2,239.28	3,221.56	4,570.43
North America	**258.05**	**1,125.71**	**364.21**	**1,521.93**	**2,621.44**	**2,481.32**	**4,882.00**	**4,901.01**	**9,207.66**
Bermuda	24.94	-102.59	-104.84	0.06	170.86	115.83	38.99	18.93	707.69
Canada	34.77	1,032.57	7.03	613.13	1,142.29	554.07	795.16	1,008.65	903.84
United States	198.34	195.73	462.03	908.74	1,308.29	1,811.42	4,047.85	3,873.43	7,596.13
Oceania	**126.36**	**770.08**	**1,951.87**	**2,479.98**	**1,888.96**	**3,318.23**	**2,415.10**	**3,660.32**	**4,336.95**
Australia	87.60	531.59	1,892.15	2,436.43	1,701.70	3,165.29	2,172.98	3,457.98	4,049.11
Cook Islands	—	—	—	—	—	—	0.12	0.17	-0.27
Fiji	4.65	2.49	7.97	2.40	5.57	19.63	68.32	58.32	-37.16
Marshall Islands	2.00	34.16	8.00	26.70	13.18	-27.43	—	-12.10	—
Micronesia, Fs	—	6.25	-0.16	—	—	-2.89	3.41	0.46	3.39
New Zealand	3.49	-1.60	6.46	9.02	63.75	27.89	94.06	190.40	250.02
Palau	—	0.50	7.52	—	0.50	0.57	—	—	0.51
Papua New Guinea	28.62	196.81	29.92	4.80	5.33	16.65	25.69	43.02	30.37
Samoa	—	-0.12	—	0.63	98.93	117.73	47.59	-77.93	34.84
Tonga	—	—	—	—	—	—	—	—	0.10
Vanuatu	—	—	—	—	—	0.79	2.93	—	6.04

Table 2 China's outward FDI stock by country and region, 2006-2014

(millions of USD)

Country/Region	2006	2007	2008	2009	2010	2011	2012	2013	2014
Total	**75025.55**	**117910.50**	**183970.71**	**245755.38**	**317210.59**	**424780.67**	**531940.58**	**660478.40**	**882642.42**
Asia	**47978.04**	**79217.93**	**131316.99**	**185547.20**	**228145.97**	**303434.70**	**364407.06**	**447408.28**	**600965.61**
Afghanistan	0.67	0.77	114.69	181.32	168.59	465.13	482.74	487.42	518.49
Bahrian	0.27	0.75	0.87	0.87	0.87	1.02	6.80	1.46	3.76
Bangladesh*	39.66	43.30	48.14	60.30	67.58	76.68	117.25	158.68	160.24
Brunei	1.90	4.38	6.51	17.37	45.66	66.13	66.35	72.12	69.55
Cambodia*	103.66	168.11	390.66	633.26	1,129.77	1,757.44	2,317.68	2,848.57	3,222.28
Cyprus*	1.06	1.36	1.36	1.36	1.36	90.90	94.95	171.26	107.17
Hong Kong*	42269.91	68781.32	115845.28	164498.94	199055.57	261518.52	306372.45	377093.14	509919.83
India	25.83	120.14	222.02	221.27	479.80	657.38	1,169.10	2,446.98	3,407.21
Indonesia	225.51	679.48	543.33	799.06	1,150.44	1,687.91	3,098.04	4,656.65	6,793.50
Iran	110.59	122.35	94.27	217.80	715.16	1,351.56	2,070.46	2,851.20	3,484.15
Iraq	436.18	22.45	20.79	22.58	483.45	605.91	754.32	317.06	375.84
Israel	8.65	10.87	9.87	11.37	21.87	23.88	38.46	34.05	86.65
Japan*	223.98	558.27	509.69	692.86	1,105.63	1,366.22	1,619.91	1,898.24	2,547.04
Jordan	11.06	11.95	10.32	10.54	12.63	12.81	22.54	23.43	30.98
Kazakhstan	276.24	609.93	1,402.30	1,516.21	1,590.54	2,858.45	6,251.39	6,956.69	7,541.07
Korea, Rep.	949.24	1,214.14	850.34	1,217.80	637.25	1,582.68	3,081.90	1,963.08	2,771.57
Korea,DPR*	45.55	67.13	118.63	261.52	240.10	312.61	422.36	585.51	611.57
Kuwait	6.31	0.51	2.96	5.88	50.87	92.86	82.84	89.39	345.91
Kyrgyzstan	124.76	139.75	146.81	283.72	394.32	525.05	662.19	885.82	984.19
Lao PDR*	96.07	302.22	305.19	535.67	845.75	1,276.20	1,927.84	2,770.92	4,490.99
Lebanon	0.44	0.44	0.44	1.57	2.01	2.01	3.01	3.69	3.78
Macau	612.47	910.67	1,560.78	1,837.23	2,229.29	2,675.89	2,929.27	3,409.14	3,930.74
Malaysia*	196.96	274.63	361.20	479.89	708.80	797.62	1,026.13	1,668.18	1,785.63
Maldives	—	—	—	—	—	—	—	1.65	2.37
Mongolia*	314.67	592.17	895.56	1,241.66	1,435.52	1,886.62	2,954.03	3,353.96	3,762.46
Myanmar	163.12	261.77	499.71	929.88	1,946.75	2,181.52	3,093.72	3,569.68	3,925.57
Nepal, FDR	3.59	8.66	8.67	14.13	15.94	24.80	33.58	75.31	138.34
Oman	33.87	37.17	14.22	7.97	21.11	29.38	33.35	174.73	189.72
Pakistan*	148.24	1,068.19	1,327.99	1,458.09	1,828.01	2,162.99	2,233.61	2,343.09	3,736.82
Palestine	—	—	—	—	—	—	0.02	0.04	0.04

Note:1."*" The Stock for 2014 are recomputed after adustment of historical Data.
2.Data for 2006 include only non-financial outward FDI Stock.

Table 2 Continued 1

(millions of USD)

Country/Region	2006	2007	2008	2009	2010	2011	2012	2013	2014
Philippines	21.85	43.04	86.73	142.59	387.34	494.27	593.14	692.38	759.94
Qatar	8.48	39.79	49.79	36.28	77.05	130.18	220.66	254.02	353.87
Saudi Arabia	272.84	404.03	620.68	710.89	760.56	883.14	1,205.86	1,747.06	1,987.43
Singapore*	468.01	1,443.93	3,334.77	4,857.32	6,069.10	10,602.69	12,383.33	14,750.70	20,639.95
Sri Lanka	8.46	7.74	16.78	15.81	72.74	162.58	178.58	292.65	363.91
Syria	16.81	5.55	4.38	8.49	16.61	14.83	14.46	6.41	14.55
Taiwan Prov	0.20	0.15	0.09	0.13	18.19	29.35	135.32	349.27	598.62
Tajikistan	30.28	98.99	227.17	162.79	191.63	216.74	476.12	599.41	728.96
Thailand*	232.67	378.62	437.16	447.88	1,080.00	1,307.26	2,126.93	2,472.43	3,079.47
Timor-Leste	0.45	0.45	0.45	7.45	7.45	7.45	7.45	9.05	15.78
Turkey	10.38	11.99	22.36	386.17	403.63	406.48	502.51	642.31	881.81
Turkmenistan	0.16	1.42	88.13	207.97	658.48	276.48	287.77	253.23	447.60
United Arab Emirates	144.63	234.31	375.99	440.29	764.29	1,174.50	1,336.78	1,514.57	2,333.45
Uzbekistan	14.97	30.82	77.64	85.22	83.00	156.47	146.18	197.82	392.09
Viet Nam	253.63	396.99	521.73	728.50	986.60	1,290.66	1,604.38	2,166.72	2,865.65
Yemen	63.76	107.23	140.54	149.30	184.66	191.45	221.30	549.11	555.07
Africa	**2,556.82**	**4,461.83**	**7,803.83**	**9,332.27**	**13,042.12**	**16,244.32**	**21,729.71**	**26,185.77**	**32,350.07**
Algeria	247.37	393.89	508.82	751.26	937.26	1,059.45	1,305.33	1,497.21	2,451.57
Angola	37.23	78.46	68.89	195.54	351.77	400.59	1,245.10	1,634.74	1,214.04
Benin	22.12	35.60	53.15	54.01	39.33	40.03	47.60	49.91	69.17
Botswana*	25.52	43.39	65.26	119.25	178.52	200.38	220.15	230.90	262.13
Burkina Faso	—	—	—	—	—	—	—	4.34	8.78
Burundi	1.65	1.65	1.65	4.64	6.51	7.20	8.70	9.79	13.24
Cameroon	16.46	18.51	20.34	25.05	59.61	61.54	79.50	148.40	177.84
Cape Verde	1.65	4.65	5.13	5.04	4.58	4.58	11.60	15.23	15.18
Central African*	3.98	3.98	3.98	16.71	46.54	51.02	51.02	60.38	57.08
Chad	12.78	13.53	25.36	76.57	80.00	108.12	194.12	321.26	404.61
Comoros	4.05	4.05	4.05	4.05	4.04	4.04	4.54	4.54	4.54
Congo*	62.90	65.40	75.42	115.17	135.88	142.40	504.90	695.43	988.76
Congo,DR*	37.61	104.40	134.14	397.43	630.92	709.26	970.49	1,091.76	2,168.67
Cote d'lvoire	25.04	28.18	21.16	37.65	32.99	34.67	40.04	35.00	64.29
Djibouti	0.60	1.60	1.60	7.03	12.47	18.13	17.99	30.55	40.08
Egypt	100.43	131.60	131.35	285.07	336.72	403.17	459.19	511.13	657.11
Equatorial Guinea*	30.44	44.63	40.62	61.50	86.25	98.68	404.64	260.85	208.20
Eritrea	6.63	7.22	6.73	9.60	12.54	14.31	103.78	104.55	106.71
Ethiopia	95.60	108.88	126.45	283.44	368.06	426.79	606.55	771.84	914.62
Gabon	51.28	55.59	88.14	100.05	125.34	127.10	128.47	168.48	180.41
Gambia	1.19	1.19	1.19	1.19	1.19	1.19	1.19	1.19	1.24
Ghana*	8.09	41.87	58.02	185.04	202.00	270.15	505.27	834.84	1,056.69

Table 2 Continued 2

(millions of USD)

Country/Region	2006	2007	2008	2009	2010	2011	2012	2013	2014
Guinea	54.63	69.97	96.37	129.32	136.41	168.43	234.67	338.58	419.07
Guinea-Bissau*	—	—	—	27.00	27.00	27.00	27.00	27.00	66.82
Kenya*	46.23	55.13	78.36	120.36	221.58	308.83	402.73	635.90	853.71
Lesotho	7.60	7.60	8.22	8.32	8.88	8.91	9.13	9.13	11.07
Liberia	29.51	29.78	37.36	56.39	81.67	114.74	154.37	196.10	229.65
Libyan Arab Jamahiriya	28.57	70.83	81.58	42.69	32.19	67.78	65.19	108.82	108.94
Madagascar	54.34	76.01	146.52	196.22	229.87	253.63	274.55	286.10	352.61
Malawi	0.96	1.16	6.59	14.54	32.40	30.07	49.30	253.82	257.62
Mali	19.83	32.22	30.95	44.72	47.77	160.06	211.43	316.67	342.86
Mauritania	20.12	15.14	24.76	31.29	45.88	74.71	106.15	108.28	100.95
Mauritius	51.16	115.90	230.07	242.84	283.29	605.94	700.80	849.59	579.71
Morocco	27.01	29.65	28.06	48.78	55.85	89.48	95.22	102.96	114.44
Mozambique	14.68	34.24	43.00	74.96	75.24	98.07	336.91	508.09	653.86
Namibia	6.43	7.24	19.95	46.18	47.11	60.21	94.53	349.45	981.84
Niger	32.99	134.53	136.50	184.20	379.36	429.57	125.33	241.87	198.08
Nigeria	215.94	630.32	795.91	1,025.96	1,210.85	1,415.61	1,949.87	2,146.07	2,323.01
Republic of South Sudan	—	—	—	—	—	0.05	10.90	26.47	19.26
Rwanda	7.71	7.30	20.18	28.80	41.63	58.52	63.54	73.33	110.72
Sao Tome and Principe	—	—	—	—	0.31	0.31	0.38	0.38	0.38
Senegal	4.15	4.39	10.61	26.07	45.03	45.20	102.22	83.25	130.01
Seychelles	6.46	6.55	6.60	7.00	19.36	23.80	77.19	103.47	114.40
Sierra Leone	14.89	32.28	43.70	51.23	41.48	52.23	57.71	108.36	147.74
South Africa	167.62	702.37	3,048.62	2,306.86	4,152.98	4,059.73	4,775.07	4,400.40	5,954.02
Sudan	497.13	574.85	528.25	563.89	613.36	1,525.64	1,236.60	1,507.04	1,747.12
Tanzania	111.93	110.92	190.22	281.79	307.51	407.07	540.80	716.46	885.18
Togo	11.72	14.42	23.12	33.02	58.11	67.15	98.38	123.09	135.81
Tunisia	3.91	3.57	3.57	2.27	2.53	6.29	5.69	13.86	14.56
Uganda	14.67	18.68	11.98	58.56	113.68	126.21	141.10	383.76	464.10
Zambia*	267.86	429.36	651.33	843.97	943.73	1,199.84	1,998.11	2,164.32	2,271.99
Zimbabwe	46.15	59.15	60.01	99.75	134.54	576.44	874.67	1,520.83	1,695.58
Europe	**2,269.82**	**4,458.54**	**5,133.96**	**8,676.78**	**15,710.31**	**24,450.03**	**36,975.12**	**53,161.56**	**69,399.87**
Albania	0.51	0.51	0.51	4.35	4.43	4.43	4.43	7.03	7.03
Armenia	1.25	1.25	1.25	1.32	1.32	1.32	1.32	7.51	7.51
Austria	0.32	4.04	4.04	1.55	2.01	24.54	79.46	76.66	201.70
Azerbai jan	10.92	10.19	9.53	12.00	12.38	30.06	31.68	38.34	55.21
Belarus	0.29	0.29	2.39	4.49	23.71	29.07	77.47	115.90	257.52
Belgium	2.67	33.98	33.30	56.91	101.01	140.50	230.69	315.01	493.47
Bosnia and Hercegovina	3.51	3.51	3.51	5.92	5.98	6.01	6.07	6.13	6.13

Table 2 Continued 3

(millions of USD)

Country/Region	2006	2007	2008	2009	2010	2011	2012	2013	2014
Bulgaria	4.74	4.74	4.74	2.31	18.60	72.56	126.74	149.85	170.27
Croatia	0.75	7.84	7.84	8.10	8.13	8.18	8.63	8.31	11.87
Czech Republic*	14.67	19.64	32.43	49.34	52.33	66.83	202.45	204.68	242.69
Denmark	36.48	36.75	38.08	40.79	42.47	49.13	53.24	84.37	208.15
Estonia	1.26	1.26	1.26	7.50	7.50	7.50	3.50	3.50	3.50
Finland	0.93	0.94	3.59	9.04	27.25	31.00	34.03	42.55	58.99
France*	44.88	126.81	167.13	221.03	243.62	3,723.89	3,950.77	4,447.94	8,444.88
Georgia	32.09	42.93	65.86	75.33	130.17	109.35	178.08	330.75	545.64
Germany	472.03	845.41	845.50	1,082.24	1,502.29	2,401.44	3,104.35	3,979.38	5,785.50
Greece	0.35	0.38	1.68	1.68	4.23	4.63	5.98	119.79	120.85
Hungary	53.65	78.17	88.75	97.41	465.70	475.35	507.41	532.35	556.35
Iceland	0.05	0.05	0.05	0.05	—	—	—	—	—
Ireland	25.30	29.23	107.77	106.82	139.91	156.83	193.77	323.25	249.72
Italy	74.41	127.13	133.60	191.68	223.80	449.09	573.93	607.75	719.69
Latvia	2.31	0.57	0.57	0.54	0.54	0.54	0.54	0.54	0.54
Liechtenstein	—	0.28	0.28	0.36	3.91	3.91	3.91	3.91	12.40
Lithuania	3.93	3.93	3.93	3.93	3.93	3.93	6.97	12.48	12.48
Luxembourg*	—	67.02	122.83	2,484.38	5,786.75	7,081.97	8,977.89	10,423.76	15,666.77
Macedonia	0.20	0.20	0.20	0.20	0.20	0.20	0.26	2.09	2.11
Malta	1.97	1.87	4.81	5.03	2.66	3.37	3.37	3.49	5.42
Moldova	0.78	0.78	0.78	0.78	0.78	0.78	2.11	3.87	3.87
Montenegro	—	0.32	0.32	0.32	0.32	0.32	0.32	0.32	0.32
Netherlands*	20.43	138.76	234.42	335.87	486.71	664.68	1,107.92	3,193.09	4,194.08
Norway	0.16	3.75	3.85	12.95	147.76	166.59	188.13	4,771.71	5,223.50
Poland	87.18	98.93	109.93	120.30	140.31	201.26	208.11	257.04	329.35
Portugal	0.20	1.71	1.71	5.02	21.37	33.13	40.38	55.32	60.69
Romania	65.63	72.88	85.66	93.34	124.95	125.83	161.09	145.13	191.37
Russian Federation	929.76	1,421.51	1,838.28	2,220.37	2,787.56	3,763.64	4,888.49	7,581.61	8,694.63
Serbia	—	2.00	2.00	2.68	4.84	5.05	6.47	18.54	29.71
Serbia and Montenegro	2.00	—	—	—	—	—	—	—	—
Slovakia	0.10	5.10	5.10	9.36	9.82	25.78	86.01	82.77	127.79
Slovenia	1.40	1.40	1.40	5.00	5.00	5.00	5.00	5.00	5.00
Spain	136.72	142.85	145.01	205.23	247.76	389.31	437.25	315.71	424.53
Sweden	20.02	146.93	157.59	111.89	1,479.12	1,531.22	2,408.17	2,737.71	3,012.92
Switzerland	7.58	8.88	8.91	30.30	58.54	91.94	101.32	296.54	387.66
Ukraine	6.54	13.51	15.92	20.79	22.29	29.29	33.14	51.98	63.41
United Kingdom	201.87	950.31	837.66	1,028.28	1,358.35	2,530.58	8,934.27	11,797.90	12,804.65
Latin America	**19694.37**	**24700.91**	**32240.15**	**30595.48**	**43875.64**	**55171.75**	**68211.63**	**86095.93**	**106111.13**
Antigua & Barbuda	1.25	1.25	1.25	1.25	1.25	4.84	5.44	6.30	6.30
Argentina	11.34	157.19	173.36	169.05	218.99	405.25	897.19	1,658.20	1,791.52
Bahamas	17.52	56.51	0.60	1.60	1.60	1.60	0.60	0.60	0.60
Barbados	2.01	2.42	3.25	6.00	3.88	3.13	3.95	4.97	3.30
Belize	0.02	0.02	0.08	0.08	—	—	—	0.35	0.70

Table 2 Continued 4

(millions of USD)

Country/Region	2006	2007	2008	2009	2010	2011	2012	2013	2014
Bolivia	21.06	23.03	28.62	55.65	64.85	66.32	156.19	118.92	132.17
Brazil*	130.41	189.55	217.05	360.89	923.65	1,071.79	1,449.51	1,733.58	2,832.89
Cayman Islands*	14,209.19	16,810.68	20,327.45	13,577.07	17,256.27	21,692.32	30,072.00	42,324.06	44,236.72
Chile	10.84	56.80	58.09	66.02	109.58	97.94	126.28	179.04	195.83
Colombia	5.70	6.77	13.71	20.50	22.97	59.80	346.15	368.69	547.30
Costa Rica	—	—	—	2.00	2.08	2.09	2.09	3.26	3.98
Cuba*	59.91	66.49	72.05	85.32	68.98	146.37	135.69	111.34	62.55
Dominica*	0.70	0.70	0.70	0.70	4.15	8.15	8.15	8.45	3.15
Dominican	—	—	0.06	0.12	0.12	0.12	1.12	1.00	1.01
Ecuador*	39.04	49.18	88.60	106.60	129.58	95.24	407.63	1,008.79	944.60
El Salvador	—	—	—	—	—	—	—	—	0.01
Grenada	4.03	7.53	7.65	7.65	14.52	14.54	14.54	14.54	23.67
Guatemala	—	—	—	—	—	—	—	—	0.99
Guyana	8.60	68.60	69.50	149.61	183.17	135.13	151.88	225.18	247.57
Honduras	5.28	0.90	—	—	—	—	—	—	—
Jamaica	0.02	0.02	2.16	2.16	4.37	39.07	74.93	79.68	188.37
Mexico	128.61	151.44	173.08	173.90	152.87	263.88	368.48	409.87	541.21
Nicaragua	—	—	—	—	—	—	—	2.17	3.18
Panama*	36.92	55.31	67.38	81.09	236.58	330.78	196.62	478.64	204.93
Paraguay	—	—	4.78	11.25	39.07	44.65	46.06	46.24	47.91
Peru	130.40	137.11	194.34	284.54	654.49	802.24	752.87	867.78	907.98
St. Vincent and Grenadines	14.92	20.80	32.49	23.03	36.19	36.20	36.20	36.20	39.00
Suriname	32.21	65.28	67.70	68.80	78.84	78.84	45.61	111.93	93.93
Trinidad and Tobago*	0.80	0.80	0.80	0.80	0.80	0.90	1.09	3.86	1,025.31
Uruguay*	1.63	2.11	2.11	7.15	7.51	8.15	17.65	25.93	210.81
Venezuela	71.58	143.88	155.96	271.96	416.52	501.00	2,042.76	2,363.38	2,493.23
Virgin Islands, British*	4,750.40	6,626.54	10,477.33	15,060.69	23,242.76	29,261.41	30,850.95	33,902.98	49,320.41
North America	**1,587.02**	**3,240.89**	**3,659.78**	**5,184.70**	**7,829.26**	**13,472.43**	**25,502.99**	**28,609.74**	**47,951.49**
Bermuda Islands	208.43	105.84	1.45	175.94	352.67	751.84	3,372.50	513.99	2,151.44
Canada	140.72	1,254.52	1,268.43	1,670.34	2,602.60	3,727.56	5,050.72	6,196.19	7,789.08
United States	1,237.87	1,880.53	2,389.90	3,338.42	4,873.99	8,993.03	17,079.77	21,899.56	38,010.97
Oceania	**939.48**	**1,830.40**	**3,816.00**	**6,418.95**	**8,607.29**	**12,007.44**	**15,114.07**	**19,017.12**	**25,864.25**
Australia	794.35	1,444.01	3,355.29	5,863.10	7,867.75	11,041.25	13,873.05	17,449.68	23,882.26
Cook Islands	—	—	—	—	—	—	0.12	0.29	0.07
Fiji*	18.67	22.42	30.60	33.00	39.43	61.07	170.91	208.41	119.98
Kiribati	—	—	—	—	—	—	—	0.82	0.82
Marshall Islands	2.00	36.16	44.16	80.86	73.52	107.37	116.87	116.87	116.87
Micronesia, Fs	1.16	7.41	7.25	7.25	7.25	4.36	7.77	8.23	11.62
New Zealand	51.27	51.17	69.65	93.85	159.11	185.46	273.85	541.73	962.41
Oth. Ocean. nes	—	—	—	—	6.67	—	—	—	—
Palau	—	0.50	8.50	8.52	9.02	9.59	9.59	9.59	10.10
Papua New Guinea	61.30	258.11	289.93	315.11	323.26	341.52	365.48	422.30	460.02
Samoa	0.90	0.78	0.78	2.40	101.33	229.79	266.01	188.08	223.08
Solomon Islands	—	—	—	—	—	—	—	—	—
Tonga	7.11	7.11	7.11	7.11	7.11	7.11	7.11	7.11	7.21
Vanuatu*	2.73	2.73	2.73	7.75	12.84	19.92	23.31	64.01	69.81

Table 3 Distribution of China's outward FDI flows by industry, 2006-2014

(millions of USD)

	Industry	2006	2007	2008	2009	2010	2011	2012	2013	2014
A	Agriculture, Forestry, Animal Husbandry and Fishery	185.04	271.71	171.83	342.79	533.98	797.75	1461.38	1813.13	2035.43
B	Mining	8539.51	4062.77	5823.51	13343.09	5714.86	14445.95	13543.80	24807.79	16549.39
C	Manufacturing	906.61	2126.50	1766.03	2240.97	4664.17	7041.18	8667.41	7197.15	9583.60
D	Production and Supply of Electricity Gas and Water	118.74	151.38	1313.49	468.07	1006.43	1875.43	1935.34	680.43	1764.63
E	Construction	33.23	329.43	732.99	360.22	1628.26	1648.17	3245.36	4364.30	3396.00
F	Wholesale and Retail Trade	1113.91	6604.18	6514.13	6135.75	6728.78	10324.12	13048.54	14646.82	18290.71
G	Transport, Storage and Post	1376.39	4065.48	2655.74	2067.52	5655.45	2563.92	2988.14	3307.23	4174.72
H	Lodging and Catering Services	2.51	9.55	29.50	74.87	218.20	116.93	136.63	82.16	244.74
I	Information Transmission, Computer Services and Software	48.02	303.84	298.75	278.13	506.12	776.46	1240.14	1400.88	3169.65
J	Finance	3529.99	1667.80	14048.00	8733.74	8627.39	6070.50	10070.84	15105.32	15917.82
K	Real Estate	383.76	908.52	339.01	938.14	1613.08	1974.42	2018.13	3952.51	6604.57
L	Leasing and Business Service	4521.66	5607.34	21717.23	20473.78	30280.70	25597.26	26740.80	27056.17	36830.59
M	Scientific Research and Technical Service	281.61	303.90	166.81	775.73	1018.86	706.58	1478.50	1792.21	1668.79
N	Management Of Water Conservancy, Environment and Public	8.25	2.71	141.45	4.34	71.98	255.29	33.57	144.89	551.39
O	Residents Service, Repair and Other Service	111.51	76.21	165.36	267.73	321.05	328.63	890.40	1129.18	1651.75
P	Education	2.28	8.92	1.54	2.45	2.00	20.08	102.83	35.66	13.55
Q	Health, Social Works	0.18	0.75	—	1.91	33.52	6.39	5.38	17.03	153.38
R	Culture, Sports and Entertainment	0.76	5.10	21.80	19.76	186.48	104.98	196.34	310.85	519.15
S	Public Management, Social Security and Social Organizations	—	—	—	—	—	—	—	—	—
	Total	**21163.96**	**26506.09**	**55907.17**	**56528.99**	**68811.31**	**74654.04**	**87803.53**	**107843.71**	**123119.86**

Table 4 Distribution of China's outward FDI stock by industry, 2006-2014

(millions of USD)

	Industry	2006	2007	2008	2009	2010	2011	2012	2013	2014
A	Agriculture, Forestry, Animal Husbandry and Fishery	816.70	1206.05	1467.62	2028.44	2612.08	3416.64	4964.43	7179.12	9691.79
B	Mining	17901.62	15013.81	22868.40	40579.69	44660.64	66995.37	74784.20	106170.92	123725.24
C	Manufacturing	7529.62	9544.25	9661.88	13591.55	17801.66	26964.43	34140.07	41976.84	52351.94
D	Production and Supply of Electricity Gas and Water	445.54	595.39	1846.76	2255.61	3410.68	7140.56	8992.10	11196.60	15040.89
E	Construction	1570.32	1634.34	2680.70	3413.22	6173.28	8051.10	12856.04	19445.74	22583.25
F	Wholesale and Retail Trade	12955.20	20232.88	29858.66	35694.99	42006.45	49093.63	68211.88	87647.68	102956.80
G	Transport, Storage and Post*	7568.19	12059.04	14520.02	16631.33	23187.80	25261.31	29226.53	32227.78	34681.63
H	Lodging and Catering Services	61.18	120.67	136.69	243.29	449.86	603.86	763.27	947.43	1307.04
I	Information Transmission, Computer Services and Software	1449.88	1900.89	1666.96	1967.24	8406.24	9553.24	4819.71	7384.40	12325.99
J	Finance	15605.37	16719.91	36693.88	45994.03	55253.21	67393.29	96453.37	117079.83	137624.85
K	Real Estate	2018.58	4513.86	4098.14	5343.43	7266.42	8986.16	9581.41	15421.26	24649.03
L	Leasing and Business Service	19463.60	30515.03	54583.03	72949.00	97246.05	142290.02	175697.95	195733.54	322443.91
M	Scientific Research and Technical Service	1121.29	1521.03	1981.89	2874.13	3967.12	4388.38	6792.76	8669.73	10873.24
N	Management Of Water Conservancy, Environment and Public	918.39	921.21	1062.89	1065.08	1133.43	2401.96	70.56	342.42	1333.65
O	Residents Service, Repair and Other Service*	1174.20	1298.85	714.68	961.37	3229.74	1615.58	3581.24	7688.55	9042.71
P	Education	2.28	17.40	17.49	21.23	23.94	66.57	164.79	201.05	184.64
Q	Health, Social Works	2.81	3.69	3.69	6.10	36.16	17.15	46.76	64.84	230.60
R	Culture, Sports and Entertainment*	26.14	92.20	107.33	135.65	345.83	541.42	793.51	1100.67	1595.22
S	Public Management, Social Security and Social Organizations	—	—	—	—	—	—	—	—	—
	Total	**90630.91**	**117910.50**	**183970.71**	**245755.38**	**317210.59**	**424780.67**	**531940.58**	**660478.40**	**882642.42**

Note:"*" The Stock for 2014 are recomputed after adustment of historical Data.

Table 5 China's outward FDI flows by province, 2006-2014 (Non-Financial Part)

(millions of USD)

Province/Region	2006	2007	2008	2009	2010	2011	2012	2013	2014
Central Co, total	**15,236.92**	**19,584.88**	**35,982.84**	**38,192.75**	**42,436.98**	**45,023.14**	**43,526.93**	**56,324.49**	**52,476.17**
Provincial total	**2,397.05**	**5,253.41**	**5,876.33**	**9,602.50**	**17,745.42**	**23,560.36**	**34,205.76**	**36,414.89**	**54,725.87**
Beijing	56.12	152.95	472.99	451.85	766.14	1,175.03	1,688.55	4,130.10	7,273.53
Tianjin	28.08	79.93	82.00	209.92	341.32	407.06	674.95	1,120.20	4,146.37
Hebei	48.80	53.94	53.63	219.93	532.37	463.63	578.09	927.57	1,218.65
Shanxi	18.49	83.47	27.02	332.95	79.26	183.19	309.66	564.83	304.91
Inner Mongolia	25.22	42.35	61.90	155.47	80.42	128.25	518.45	408.80	1,109.69
Liaoning	97.01	128.33	106.00	757.86	1,935.66	1,143.84	2,762.60	1,294.99	1,479.02
Dalian	67.48	65.42	44.27	463.84	1,632.29	745.91	2,030.87	1,044.50	574.81
Jilin	29.48	83.22	106.73	298.14	213.40	204.93	296.41	752.40	333.10
Heilongjiang	217.96	178.51	227.97	121.31	237.80	238.34	724.05	773.38	655.31
Shanghai	448.63	522.66	337.14	1,208.69	1,584.68	1,838.02	3,316.18	2,675.24	4,992.25
Jiangsu	124.03	518.99	493.84	850.61	1,371.19	2,253.83	3,130.50	3,020.01	4,069.83
Zhejiang	215.28	403.46	387.68	702.26	2,679.15	1,852.87	2,360.23	2,552.76	3,861.70
Ningbo	36.74	52.53	225.15	210.97	394.60	755.73	638.39	844.68	1,036.63
Anhui	34.12	50.79	60.51	57.82	813.65	530.89	710.43	910.55	380.29
Fujian	95.84	368.47	161.69	365.82	534.95	530.28	857.05	952.49	1,050.64
Xiamen	0.90	190.99	41.59	123.89	228.81	152.76	234.00	264.63	265.23
Jiangxi	0.48	15.36	25.87	22.65	94.70	188.33	373.16	380.91	738.53
Shandong	126.66	189.28	474.78	704.41	1,890.01	2,473.39	3,456.21	4,264.72	3,915.90
Qingdao	22.37	48.98	15.47	104.72	461.97	234.66	919.85	1,022.67	1,217.49
Henan	7.63	70.36	131.28	120.75	118.64	282.51	341.17	589.71	546.92
Hubei	2.86	9.03	3.50	41.16	80.61	709.03	496.87	520.11	671.61
Hunan	59.21	140.88	254.46	1,005.68	274.77	1,176.28	994.99	569.70	784.49
Guangdong	629.97	1,141.01	1,242.51	922.98	1,599.77	3,633.50	5,288.21	5,942.88	10,896.71
Shenzhen	452.88	924.33	763.75	414.47	608.78	1,133.06	3,368.33	3,008.14	5,989.33
Guangxi	3.90	26.20	38.44	81.69	186.82	167.14	272.40	81.34	228.64
Hainan	3.43	1.22	0.82	60.72	221.79	1,219.99	320.12	817.31	887.08
Chongqing	16.91	87.13	104.48	47.47	361.09	401.25	529.60	346.55	766.76
Sichuan	28.31	291.20	81.07	107.40	690.97	563.41	595.09	584.47	1,382.23
Guizhou	—	0.51	0.25	5.22	2.89	20.33	20.25	208.15	87.64
Yunnan	29.07	136.41	284.67	270.08	513.39	248.45	1,040.46	830.36	1,261.95
Xizang	—	—	—	—	0.29	2.16	0.02	0.22	3.85
Shaanxi	1.15	20.58	140.63	224.62	260.55	448.16	607.84	307.89	414.11
Gansu	20.87	153.64	358.08	18.52	101.76	649.17	1,382.09	431.82	273.21
Qinghai	0.80	1.10	2.02	2.09	1.38	1.73	12.80	35.96	16.01
Ningxia	18.18	5.69	5.02	15.09	7.11	12.95	64.21	86.26	338.83
Xinjiang	1.72	85.35	69.34	180.57	47.76	314.74	431.23	315.79	548.32
Xinjiang P&C Group	6.84	211.39	79.99	38.77	121.11	97.68	51.89	17.42	87.80
Total	**17,633.97**	**24,838.29**	**41,859.17**	**47,795.25**	**60,182.40**	**68,583.50**	**77,732.69**	**92,739.38**	**107,202.04**

Table 6 China's outward FDI stock by province, 2006-2014(Non-Financial Part)

(millions of USD)

Province/Region	2006	2007	2008	2009	2010	2011	2012	2013	2014
Central Co, total	**61628.23**	**79443.76**	**119740.85**	**160143.26**	**201787.90**	**272460.46**	**311424.14**	**378500.16**	**509580.51**
Provincial total	**13397.32**	**21746.84**	**27535.98**	**39618.09**	**60169.48**	**84926.97**	**124063.07**	**164900.05**	**235437.06**
Beijing	918.73	1,591.95	2,510.19	3,758.65	4,808.82	6,033.80	7,577.92	12,764.56	28,488.70
Tianjin	159.00	252.00	321.61	581.16	967.29	1,386.78	2,115.13	3,593.31	9,233.79
Hebei	327.70	382.48	524.15	886.92	1,377.24	1,954.70	2,387.10	3,490.45	4,530.94
Shanxi	187.02	272.00	181.59	533.39	636.54	830.21	1,060.47	1,538.65	1,705.79
Inner Mongolia	88.75	139.84	204.05	401.00	470.55	565.17	1,222.60	1,678.80	2,391.48
Liaoning	279.70	443.95	605.54	1,492.30	3,406.96	4,356.98	6,952.81	7,731.17	9,256.19
Dalian	163.44	255.39	348.88	830.94	2,475.20	2,969.03	4,803.16	5,298.18	5,897.30
Jilin	107.84	215.54	379.29	707.67	899.58	1,115.48	1,453.96	2,139.24	2,431.38
Heilongjiang	601.71	711.44	993.53	1,062.35	1,280.44	1,727.92	2,529.93	3,350.10	4,021.67
Shanghai	2,612.73	3,025.38	2,186.11	3,589.37	6,094.33	6,374.73	13,951.06	17,843.61	25,484.79
Jiangsu	588.71	1,164.99	1,726.77	2,498.72	3,888.14	5,701.94	7,831.85	11,163.11	15,609.97
Zhejiang	702.68	1,162.59	1,547.16	2,959.23	5,845.28	7,189.13	8,548.64	10,988.48	15,373.59
Ningbo	148.34	235.10	460.39	650.48	1,064.30	1,875.24	2,120.67	3,230.64	4,517.85
Anhui	100.62	153.51	203.79	275.94	1,108.42	1,654.08	2,371.20	3,795.59	4,269.45
Fujian	523.71	916.08	1,132.31	1,588.00	1,967.73	2,447.54	3,237.01	3,967.78	4,872.90
Xiamen	54.17	212.42	316.66	388.13	604.43	805.57	995.78	1,096.23	1,331.49
Jiangxi	20.22	54.78	91.26	129.05	221.36	397.51	789.34	1,191.80	2,013.52
Shandong	1,103.40	1,613.60	2,080.25	2,622.55	4,958.23	8,626.20	11,970.09	16,047.38	19,700.97
Qingdao	390.67	693.25	596.36	464.87	1,237.74	1,490.36	2,453.39	3,228.06	4,475.30
Henan	86.66	217.03	330.01	576.55	706.89	974.60	1,441.88	1,953.52	2,494.44
Hubei	40.31	49.72	56.00	99.92	177.94	883.51	1,375.79	1,733.18	2,283.05
Hunan	103.29	293.44	674.27	2,047.82	2,716.26	3,295.77	4,133.31	4,547.24	5,515.00
Guangdong	4,173.18	7,243.11	8,685.14	9,545.23	11,629.51	17,981.11	25,176.17	34,233.75	49,479.39
Shenzhen	2,123.50	4,002.71	4,806.19	4,739.86	6,152.87	8,329.18	13,201.98	18,567.99	29,669.48
Guangxi	44.34	96.29	137.80	301.11	525.05	687.01	866.88	1,061.68	1,477.92
Hainan	13.83	43.42	44.23	112.60	335.66	1,652.62	3,328.20	3,434.23	3,756.42
Chongqing	74.19	160.71	276.74	303.23	655.65	1,105.72	1,709.51	1,939.59	2,656.60
Sichuan	143.39	443.22	397.58	535.24	1,253.52	1,924.78	2,245.73	2,655.93	3,524.09
Guizhou	1.94	4.45	18.66	22.29	20.35	49.52	87.46	327.08	341.78
Yunnan	103.29	261.13	569.96	947.84	1,555.04	1,829.14	2,958.05	3,865.67	5,142.04
Xizang	1.60	1.00	1.52	1.52	1.80	3.77	10.33	12.27	16.10
Shaanxi	28.64	56.67	192.99	415.18	697.86	1,138.06	1,793.87	2,002.87	2,465.11
Gansu	81.75	245.50	592.91	610.85	711.58	1,339.50	2,685.62	3,159.85	3,204.03
Qinghai	2.83	3.40	4.92	7.51	8.90	13.04	31.49	90.62	101.32
Ningxia	29.34	26.45	37.29	39.79	46.72	59.56	119.34	196.24	497.33
Xinjiang	89.94	142.12	384.19	516.01	689.83	1,033.90	1,454.44	1,749.51	2,340.30
Xinjiang P&C Group	56.28	359.05	444.16	449.10	505.98	593.19	645.89	652.79	757.01
Total	**75025.55**	**101190.60**	**147276.83**	**199761.35**	**261957.38**	**357387.43**	**435487.21**	**543400.21**	**745017.57**

Table 7 China's outward FDI flows in EU countries, 2006-2014

(millions of USD)

Country/Region	2006	2007	2008	2009	2010	2011	2012	2013	2014
Austria	0.04	0.08	—	—	0.46	20.22	53.43	0.15	43.71
Belgium	0.13	4.91	—	23.62	45.33	35.90	98.40	25.78	153.28
Bulgaria	—	—	—	-2.43	16.29	53.90	54.17	20.69	20.42
Croatia	—	1.20	—	0.26	0.03	0.05	0.05	—	3.55
Cyprus	—	0.30	—	—	—	89.54	3.48	76.34	—
Czech Republic	9.10	4.97	12.79	15.60	2.11	8.84	18.02	17.84	2.46
Denmark	-58.91	0.27	1.33	2.64	1.61	5.89	5.14	27.39	57.23
Finland	—	0.01	2.66	1.11	18.04	1.56	1.36	8.52	10.42
France	5.60	9.62	31.05	45.19	26.41	3,482.32	153.93	260.44	405.54
Germany	76.72	238.66	183.41	179.21	412.35	512.38	799.33	910.81	1,438.92
Greece	—	0.03	0.12	—	—	0.43	0.88	1.90	—
Hungary	0.37	8.63	2.15	8.21	370.10	11.61	41.40	25.67	34.02
Ireland	25.29	0.20	42.33	-0.95	32.88	16.93	48.88	117.02	37.11
Italy	7.63	8.10	5.00	46.05	13.27	224.83	118.58	31.26	113.02
Latvia	—	-1.74	—	-0.03	—	—	—	—	—
Lithuania	—	—	—	—	—	—	1.00	5.51	—
Luxembourg	—	4.19	42.13	2,270.49	3,207.19	1,265.00	1,133.01	1,275.21	4,578.37
Malta	0.10	-0.10	0.47	0.22	-2.37	0.27	—	0.12	1.93
Netherlands	5.31	106.75	91.97	101.45	64.53	167.86	442.45	238.42	1,029.97
Poland	—	11.75	10.70	10.37	16.74	48.66	7.50	18.34	44.17
Portugal	—	—	—	—	—	—	5.15	14.94	3.87
Romania	9.63	6.80	11.98	5.29	10.84	0.30	25.41	2.17	42.25
Slovakia	—	—	—	0.26	0.46	5.94	2.19	0.33	45.66
Spain	7.30	6.09	1.16	59.86	29.26	139.74	46.24	-145.75	92.35
Sweden	5.30	68.06	10.66	8.10	1,367.23	49.01	285.22	170.82	130.01
United Kingdom	35.12	566.54	16.71	192.17	330.33	1,419.70	2,774.73	1,419.58	1,498.90
Tatal	**128.73**	**1,044.12**	**466.62**	**2,966.43**	**5,963.09**	**7,560.83**	**6,119.90**	**4,523.50**	**9,787.16**

Note:1.Data for 2006 include only non-financial outward FDI flows.
2.The Sum of the Europe Union do not include Croatia untill 2012.

Table 8 China's outward FDI stock in EU countries, 2006-2014

(millions of USD)

Country/Region	2006	2007	2008	2009	2010	2011	2012	2013	2014
Austria	0.32	4.04	4.04	1.55	2.01	24.54	79.46	76.66	201.70
Belgium	2.67	33.98	33.30	56.91	101.01	140.50	230.69	315.01	493.47
Bulgaria	4.74	4.74	4.74	2.31	18.60	72.56	126.74	149.85	170.27
Croatia	0.75	7.84	7.84	8.10	8.13	8.18	8.63	8.31	11.87
Cyprus	1.06	1.36	1.36	1.36	1.36	90.90	94.95	171.26	107.17
Czech Republic	14.67	19.64	32.43	49.34	52.33	66.83	202.45	204.68	242.69
Denmark	36.48	36.75	38.08	40.79	42.47	49.13	53.24	84.37	208.15
Estonia	1.26	1.26	1.26	7.50	7.50	7.50	3.50	3.50	3.50
Finland	0.93	0.94	3.59	9.04	27.25	31.00	34.03	42.55	58.99
France	44.88	126.81	167.13	221.03	243.62	3,723.89	3,950.77	4,447.94	8,444.88
Germany	472.03	845.41	845.50	1,082.24	1,502.29	2,401.44	3,104.35	3,979.38	5,785.50
Greece	0.35	0.38	1.68	1.68	4.23	4.63	5.98	119.79	120.85
Hungary	53.65	78.17	88.75	97.41	465.70	475.35	507.41	532.35	556.35
Ireland	25.30	29.23	107.77	106.82	139.91	156.83	193.77	323.25	249.72
Italy	74.41	127.13	133.60	191.68	223.80	449.09	573.93	607.75	719.69
Latvia	2.31	0.57	0.57	0.54	0.54	0.54	0.54	0.54	0.54
Lithuania	3.93	3.93	3.93	3.93	3.93	3.93	6.97	12.48	12.48
Luxembourg	—	67.02	122.83	2,484.38	5,786.75	7,081.97	8,977.89	10,423.76	15,666.77
Malta	1.97	1.87	4.81	5.03	0.20	3.37	3.37	3.49	5.42
Netherlands	20.43	138.76	234.42	335.87	486.71	664.68	1,107.92	3,193.09	4,194.08
Poland	87.18	98.93	109.93	120.30	140.31	201.26	208.11	257.04	329.35
Portugal	0.20	1.71	1.71	5.02	21.37	33.13	40.38	55.32	60.69
Romania	65.63	72.88	85.66	93.34	124.95	125.83	161.09	145.13	191.37
Slovakia	0.10	5.10	5.10	9.36	9.82	25.78	86.01	82.77	127.79
Slovenia	1.40	1.40	1.40	5.00	5.00	5.00	5.00	5.00	5.00
Spain	136.72	142.85	145.01	205.23	247.76	389.31	437.25	315.71	424.53
Sweden	20.02	146.93	157.59	111.89	1,479.12	1,531.22	2,408.17	2,737.71	3,012.92
United Kingdom	201.87	950.31	837.66	1,028.28	1,358.35	2,530.58	8,934.27	11,797.92	12,804.65
Tatal	**1,274.51**	**2,942.10**	**3,173.85**	**6,277.83**	**3,181.69**	**20,290.79**	**31,538.24**	**40,096.61**	**54,210.39**

Note:1.Data for 2006 include only non-financial outward FDI flows.
2.The Sum of the Europe Union do not include Croatia untill 2012.

Table 9 China's Outward FDI Flows in ASEAN Countries, 2006-2014

(millions of USD)

Country/Region	2006	2007	2008	2009	2010	2011	2012	2013	2014
Brunei	—	1.18	1.82	5.81	16.53	20.11	0.99	8.52	-3.28
Cambodia	9.81	64.45	204.64	215.83	466.51	566.02	559.66	499.33	438.27
Indonesia	56.94	99.09	173.98	226.09	201.31	592.19	1,361.29	1,563.38	1,271.98
Lao PDR	48.04	154.35	87.00	203.24	313.55	458.52	808.82	781.48	1,026.90
Malaysia	7.51	-32.82	34.43	53.78	163.54	95.13	199.04	616.38	521.34
Myanmar	12.64	92.31	232.53	376.70	875.61	217.82	748.96	475.33	343.13
Philippines	9.30	4.50	33.69	40.24	244.09	267.19	74.90	54.40	224.95
Singapore	132.15	397.73	1,550.95	1,414.25	1,118.50	3,268.96	1,518.75	2,032.67	2,813.63
Thailand	15.84	76.41	45.47	49.77	699.87	230.11	478.60	755.19	839.46
Viet Nam	43.52	110.88	119.84	112.39	305.13	189.19	349.43	480.50	332.89
Total	**335.75**	**968.08**	**2,484.35**	**2,698.10**	**4,388.11**	**5,905.24**	**6,100.44**	**7,258.66**	**7,809.27**

Note:Data for 2006 include only non-financial outward FDI flows.

Table 10 China's Outward FDI Stock in ASEAN Countries, 2006-2014

(millions of USD)

Country/Region	2006	2007	2008	2009	2010	2011	2012	2013	2014
Brunei	1.90	4.38	6.51	17.37	45.66	66.13	66.35	72.12	69.55
Cambodia	103.66	168.11	390.66	633.26	1,129.77	1,757.44	2,317.68	2,848.57	3,222.28
Indonesia	225.51	679.48	543.33	799.06	1,150.44	1,687.91	3,098.04	4,656.65	6,793.50
Lao PDR	96.07	302.22	305.19	535.67	845.75	1,276.20	1,927.84	2,770.92	4,490.99
Malaysia	196.96	274.63	361.20	479.89	708.80	797.62	1,026.13	1,668.18	1,785.63
Myanmar	163.12	261.77	499.71	929.88	1,946.75	2,181.52	3,093.72	3,569.68	3,925.57
Philippines	21.85	43.04	86.73	142.59	387.34	494.27	593.14	692.38	759.94
Singapore	468.01	1,443.93	3,334.77	4,857.32	6,069.10	10,602.69	12,383.33	14,750.70	20,639.95
Thailand	232.67	378.62	437.16	447.88	1,080.00	1,307.26	2,126.93	2,472.43	3,079.47
Viet Nam	253.63	396.99	521.73	728.50	986.60	1,290.66	1,604.38	2,166.72	2,865.65
Total	**1,763.38**	**3,953.17**	**6,486.99**	**9,571.42**	**14,304.55**	**21,461.70**	**28,237.54**	**35,596.23**	**47,632.53**

Note: Data for 2006 include only non-financial outward FDI stock.

Table 11 China's Outward FDI in Countries along the Belt and Road , 2014

(millions of USD)

Country/Region	2014 Flows	2014 Stock
Total	**13655.94**	**92,460.48**
Afghanistan	27.92	518.49
Albania	—	7.03
Angola	162.87	657.11
Armenia	—	7.51
Austria	16.83	55.21
Bahrian	705.34	2,333.45
Bangladesh	15.16	189.72
Bangladesh	25.02	160.24
Belgium	63.72	257.52
Bosnia and Hercegovina	20.42	170.27
Brunei	1014.26	3,736.82
Cambodia	—	0.04
Cyprus	—	3.76
Czech Republic	44.17	329.35
Denmark	—	6.13
Estonia	—	3.50
Georgia	633.56	8,694.63
Hungary	224.35	545.64
India	9.73	15.78
Indonesia	224.95	759.94
Iran	-40.07	7,541.07
Ireland	2.46	242.69
Israel	107.83	984.19
Italy	3.55	11.87
Japan	438.27	3,222.28
Jordan	35.79	353.87
Kazakhstan	161.91	345.91
Korea, DPR	1026.90	4,490.99
Korea, Rep.	0.09	3.78

Table 11 Continued 1

(millions of USD)

Country/Region	2014 Flows	2014 Stock
Kuwait	72	237
Kyrgyzstan	52134	178,563
Lao PDR	50261	376,246
Latvia	—	54
Liechtenstein	—	1,248
Macau	34313	392,557
Macedonia	4225	19,137
Malaysia	4504	13,834
Moldova	—	387
Montenegro	—	32
Myanmar	18430	198,743
Nepal, FDR	8511	36,391
Netherlands	—	211
Oman	10720	72,896
Palestine	83946	307,947
Philippines	10497	88,181
Qatar	19515	44,760
Russian Federation	1169	2,971
Saudi Arabia	-328	6,955
Serbia	4566	12,779
Singapore	18059	39,209
Slovakia	472	6,341
Slovenia	—	500
Sri Lanka	281363	2,063,995
Switzerland	3402	55,635
Syria	955	1,455
Taiwan Prov	596	55,507
Tajikistan	8286	37,584
Thailand	59286	348,415
Timor-Leste	5258	8,665
Turkey	31718	340,721
Turkmenistan	127198	679,350
United Arab Emirates	674	3,098
Uzbekistan	33289	286,565

Table12 The Top 100 Non-financial Chinese TNCs Ranked by Outward FDI Stock, 2014

NO.	Name of Enterprise
1	China Mobile Communications Corporation
2	China National Petroleum Corporation
3	China National Offshore Oil Corporation
4	China Petrochemical Corporation
5	China Resources (Holdings) Co.,Ltd.
6	China Ocean Shipping (Group) Company
7	China Minmetals Corporation
8	Sinochem Corporation
9	China State Construction Engineering Corporation
10	State Grid Corporation of China
11	China Merchants Group
12	Beijing Enterprises Group Company Limited
13	Huawei Technologies Co.,Ltd.
14	Aluminum Corporation of China
15	China Unicom Corporation
16	China National Chemical Corporation
17	China Three Gorges Corporation
18	China National Cereals, Oils & Foodsuffs Corp.
19	HNA Group Co.,Ltd.
20	Power Construction Corporation of China
21	China National Aviation Holding Corporation
22	China Shipping (Group) Company
23	Shum Yip Group Limited
24	Yanzhou Coal Mining Company Limited
25	China Communication Construction Company Ltd.
26	China Metallurgical Group Corp.
27	China Power Investment Corporation
28	China North Industries Group Corporation
29	China Nonferrous Metal Mining & Construction (Group) Co.,Ltd.
30	China Huaneng Group
31	SinoSteel Corporation
32	Guangdong Holding Limited
33	China Railway Construction Corporation

Table12 Continued 1

NO.	Name of Enterprise
34	CITIC Group
35	Guangzhou Yuexiu Holdings Limited
36	Aviation Industry Corporation of China
37	Wuhan Iron & Steel (Group) Corporation
38	Shanghai Baosteel Group Corporation
39	Shanghai Geely ZhaoYuan Investments International Ltd.
40	Jinchuan Group Ltd.
41	ZTE Corporation
42	Legend Holdings Ltd.
43	China International Marine Containers (Group) Ltd.
44	China Huadian Corporation
45	Anhui Foreign Economic Construction (Group) Co.,Ltd.
46	China Electronics Coporation
47	China National Travel Service (HK) Group Corp.
48	China Telecommunications Corporation
49	Dalian Wanda Group
50	Bright Food(Group)Co.,Ltd.
51	China Railway Engineering Corporation
52	SINOTRANS Changjiang National Shipping (Group) Corporation
53	Midea Group Co.,Ltd.
54	China General Nuclear Power Group
55	Unisplendour Corporation Limited (UNIS)
56	China National Gold Group Corporation
57	GreenLand Group Co.,Ltd.
58	Shanghai Pharmaceuticals Holding Co., Ltd.
59	China Datang Corporation
60	China National Heavy Duty Truck Group Co., Ltd.
61	Shenhua Group Corporation Ltd.
62	Fosun International Limited.
63	Jilin Jien Nickel Industry Co.,Ltd.
64	Salim WanYe Group Co.,Ltd.
65	TCL Corporation
66	China Reform Holdings Corporation Ltd.

Table12 Continued 2

NO.	Name of Enterprise
67	Sany Heavy Industry Co.,Ltd.
68	SAIC Motor Corporation, Ltd.
69	Hunan Valin Iron & Steel (Group) Co.,Ltd.
70	China Energey Conservation and Environmental Protection Group
71	MONGOLIA YITAI GROUP CO.,LTD
72	Zoomlion Heavy Industry Science&Technology Co., Ltd.
73	CSR Corporation Limited
74	Bohai Steel Group Co.,Ltd.
75	China National Machinery Industry Corporation
76	China Aerospace Science and Technology Corporation
77	Shougang Corporation
78	Haier Electrical Appliance Co.,Ltd.
79	Nam Kwong (Group) Company Limited
80	Guangzhou Automobile Group Co., Ltd.
81	China GuoDian Corporation
82	Wanxiang Group Corporation
83	Baiyin Nonferrous Metal Company Limited
84	Guangdong Yudean Group Co., Ltd.
85	China Eastern Air Holding Company
86	BeiJing WangFuJing International
87	CSPC Pharmaceutical Group Limited
88	Anshan Iron & Steel Group Corporation
89	Suning Appliance Co.,Ltd.
90	China Poly Group Corporation
91	China Southern Air Holding Company
92	China Chengtong Holdings Group Ltd.
93	Zijin Mining Group Co., Ltd.
94	Shenzhen Energe Corporation
95	Hebei Iron & Steel Group Co.,Ltd.
96	China National Textiles Import & Export Corporation
97	China National Building Material Group Corporation
98	GuangHui Energy Co.,Ltd.
99	China State Shipbuilding Corporation
100	State Development & Investment Corporation

Table13 The Top 100 Non-financial Chinese TNCs Ranked by Foreign Assets, 2014

No.	Name of Enterprise
1	China Mobile Communications Corporation
2	China Petrochemical Corporation
3	China Resources (Holdings) Co.,Ltd.
4	China National Offshore Oil Corporation
5	China National Petroleum Corporation
6	China Unicom Corporation
7	China State Construction Engineering Corporation
8	China Merchants Group
9	China National Cereals, Oils & Foodsuffs Corp.
10	Sinochem Corporation
11	China Ocean Shipping (Group) Company
12	Guangzhou Yuexiu Holdings Limited
13	Legend Holdings Ltd.
14	China Minmetals Corporation
15	Aluminum Corporation of China
16	Shum Yip Group Limited
17	Beijing Enterprises Group Company Limited
18	State Grid Corporation of China
19	China Power Investment Corporation
20	CITIC Group
21	China Poly Group Corporation
22	HNA Group
23	China Shipping (Group) Company
24	Shanghai Geely ZhaoYuan Investments International Ltd.
25	China North Industries Group Corporation
26	Huawei Technologies Co.,Ltd.
27	China Communication Construction Company Ltd.
28	China National Heavy Duty Truck Group Co., Ltd.
29	China National Travel Service (HK) Group Corp.
30	China National Chemical Corporation
31	Guangdong Holding Limited
32	China Electronics Coporation
33	Aviation Industry Corporation of China

Table13 Continued 1

No.	Name of Enterprise
34	Yanzhou Coal Mining Company Limited
35	China Reform Holdings Corporation Ltd.
36	Shanghai Baosteel Group Corporation
37	China Nonferrous Metal Mining & Construction (Group) Co.,Ltd.
38	China Metallurgical Group Corp.
39	DaLian WanDa Group Corporation LTD.
40	China Huaneng Group
41	Fosun International Limited.
42	Power Construction Corporation of China
43	ZTE Corporation
44	China International Marine Containers (Group) Ltd.
45	TCL Corporation
46	China National Aviation Holding Corporation
47	Jinchuan Group Ltd.
48	China Three Gorges Corporation
49	Haier Electrical Appliance Co.,Ltd.
50	China Railway Construction Corporation
51	SinoSteel Corporation
52	SINOTRANS&CSC Holdings Co., Ltd.
53	China General Nuclear Power Group
54	Bright Food(Group)Co.,Ltd.
55	China Huadian Corporation
56	GreenLand Group Co.,Ltd.
57	China Energey Conservation and Environmental Protection Group
58	China GuoDian Corporation
59	China Railway Engineering Corporation
60	Tewoo Group Co.,Ltd.
61	Wuhan Iron & Steel (Group) Corporation
62	China Shipbuilding Industry Corporation
63	Sany Heavy Industry Co.,Ltd.
64	Tsinghua Tongfang Holdings Limited
65	China National Gold Group Corporation
66	Zijin Mining Group Co., Ltd.

Table13 Continued 2

No.	Name of Enterprise
67	China National Building Material Group Corporation
68	Midea Group Co.,Ltd.
69	SINOTRANS Changjiang National Shipping (Group) Corporation
70	Power Construction Corporation of China.
71	China State Shipbuilding Corporation
72	China Aerospace Science and Technology Corporation
73	Nam Kwong (Group) Company Limited
74	Bohai Steel Group Co.,Ltd.
75	Founder Group Co.,ltd.
76	Wanxiang Group Corporation
77	Hunan Valin Iron & Steel (Group) Co.,Ltd.
78	China Eastern Air Holding Company
79	Xi'an Maike Enterprise Group
80	Sichuan Changhong Electric Co.,Ltd.
81	Shougang Corporation
82	Guangdong Zhenrong Energy Co., Ltd.
83	China National Machinery Industry Corporation
84	Qingjian Group Co.,Ltd
85	Beijing Infrastructure Investment Co.,Ltd.
86	Jilin Jien Nickel Industry Co.,Ltd.
87	Yantai XinYi Investment Ltd.
88	China National Textiles Import & Export Corporation
89	Evergrande Group Co.,Ltd.
90	CSR Corporation Limited
91	Hisense Company Ltd.
92	TaiYuan Iron & Steel (Group) Co.,Ltd.
93	China Telecommunications Corporation
94	Shandong iron & Steel Group Company Limited
95	HuaYue Group
96	Weichai Power Co., Ltd.
97	Anshan Iron & Steel Group Corporation
98	Anhui Foreign Economic Construction (Group) Co.,Ltd.
99	China Datang Corporation
100	Jiangxi Copper Corporation

Table14 The Top 100 Non-financial Chinese TNCs Ranked by Foreign Revenues, 2014

No.	Name of Enterprise
1	China Petrochemical Corporation
2	China National Petroleum Corporation
3	China Mobile Communications Corporation
4	China Resources (Holdings) Co.,Ltd.
5	Sinochem Corporation
6	China National Offshore Oil Corporation
7	Legend Holdings Ltd.
8	China National Cereals, Oils & Foodsuffs Corp.
9	China State Construction Engineering Corporation
10	China Ocean Shipping (Group) Company
11	China North Industries Group Corporation
12	China Electronics Coporation
13	China National Aviation Fuel Group Corporation
14	Shanghai Geely ZhaoYuan Investments International Ltd.
15	China National Chemical Corporation
16	Tewoo Group Co.,Ltd.
17	China Nonferrous Metal Mining & Construction (Group) Co.,Ltd.
18	Shanghai Baosteel Group Corporation
19	China Minmetals Corporation
20	Wanxiang Group Corporation
21	TCL Corporation
22	Zhuhai Zhenrong Company
23	Huawei Technologies Co.,Ltd.
24	Beijing Enterprises Group Company Limited
25	China Communication Construction Company Ltd.
26	China National Travel Service (HK) Group Corp.
27	Aviation Industry Corporation of China
28	Jinchuan Group Ltd.
29	ShanDong Energy (Group)Co.,Ltd.
30	Jiangxi Copper Corporation
31	China Merchants Group
32	CITIC Group
33	ZTE Corporation

Table14 Continued 1

No.	Name of Enterprise
34	China National Heavy Duty Truck Group Co., Ltd.
35	China Power Investment Corporation
36	Shougang Corporation
37	China Shipping (Group) Company
38	Haier Electrical Appliance Co.,Ltd.
39	Sichuan Changhong Electric Co.,Ltd.
40	Jiusan Oils & Grains Industries Group Co.,Ltd.
41	Nam Kwong (Group) Company Limited
42	Shum Yip Group Limited
43	TaiYuan Iron & Steel (Group) Co.,Ltd.
44	Shandong Xiangguang Group Co.,Ltd.
45	Wuhan Iron & Steel (Group) Corporation
46	Jizhong Energy Group Co.,Ltd.
47	Hangzhou CIEC Group Co.,Ltd
48	Hisense Company Ltd.
49	Anshan Iron & Steel Group Corporation
50	Guangzhou Yuexiu Holdings Limited
51	Daye Nonferrous Metals Company
52	China National Textiles Import & Export Corporation
53	Dalian Wanda Group Co.,Ltd.
54	China National Arts & Crafts (Group) Corporation
55	China Huaneng Group
56	Xiamen C&D Corporation Limited
57	Jinchuan Group Ltd.
58	China Railway Construction Corporation
59	State Grid Corporation of China
60	China National Building Material Group Corporation
61	China Metallurgical Group Corp.
62	Shandong Dahai Group Co.,Ltd.
63	Guangdong Guangxin Holdings Group Ltd.
64	SinoSteel Corporation
65	Guangdong Holding Limited
66	China Energey Conservation and Environmental Protection Group

Table14 Continued 2

No.	Name of Enterprise
67	China Railway Engineering Corporation
68	Golden Dragon Precise Copper Tube Group Inc.
69	Salim WanYe Group Co.,Ltd.
70	China National Aviation Holding Corporation
71	Power Construction Corporation of China
72	NINGBO SHANSHAN CO.,LTD.
73	Wengfu (Group) Co., Ltd.
74	Gree Electric Appliances,Inc.of Zhuhai
75	Tsinghua Tongfang Holdings Limited
76	Shandong Ruyi Technology Group Co.,Ltd.
77	Yunnan Copper Co.,Ltd.
78	Yantai XinYi Investment Ltd.
79	Unisplendour Corporation Limited (UNIS)
80	Jiangsu Shagang Group
81	HuaYue Group
82	Shenzhen Zhongjin Lingnan Nonfemet Co.,Ltd.
83	Aluminum Corporation of China
84	Jigang Group Co.,Ltd.
85	China General Technology (Group) Holding Ltd.
86	Bohai Steel Group Co.,Ltd.
87	Shenzhen Brightoil Group Co.,Ltd.
88	Guangdong Materials Group Corporation
89	Bright Food(Group)Co.,Ltd.
90	Yanzhou Coal Mining Company Limited
91	Zhejiang Hailiang Stock Co.,Ltd.
92	China Three Gorges Corporation
93	Tinno Mobile Technology Corp.
94	Donlinks Group Ltd.
95	Shandong Chambroad Petrochemicals Co.,Ltd.
96	Zhejiang Hengyi Group Co.,Ltd.
97	Zhejiang Huayou Cobalt Co.,Ltd.
98	China National Materials Group Co.,Ltd.
99	CGC Overseas Construction Group Co.,Ltd.
100	CIMC Capital Ltd.